박선주

인류진화의 발자취

CBNU PRESS

"이 책은 2011년도 충북대학교 학술연구지원사업의 연구비 지원에 의하여 연구되었음
(This book was supported by the research grant of the Chungbuk National University in 2011)"

JP에게

들어가는글

머나 먼 인류의 과거로 거슬러 올라가 본다. 역사시대에 관한 기록은 어느 정도 남아 있으나 선사시대에 이르면 상황은 다르게 변한다. 5,000년 이전에 다다르면 문자로 기록된 역사는 사라지고 고고학 유적에서 출토된 유물들만이 과거를 말해 준다. 인류가 처음으로 정착생활을 했음을 말해주는 10,000~15,000년 전의 증거들도 점점 줄어든다. 정착생활을 하기 이전에 수렵-채집생활을 했던 인류는 돌연모와 동굴벽화 등을 남겨 놓았다. 60,000~50,000년 전 북아프리카에 처음으로 둥지를 틀었던 슬기사람은 현대인과 같은 사유를 했을 것으로 보이는데, 이 기간은 인류 진화 과정 중 7% 정도에 불과하다는 것을 알 수 있다.

가장 먼 인류의 조상은 약 700만 년 전에 아프리카 유인원과 공통조상으로부터 갈라져 나온 이래 아프리카 유인원과는 다르게 자신의 길로 진화해 갔다. 이를 보여주는 직접적인 고고학적 증거는 거의 없으나 인류(=호미니드) 화석과 분자생물학 연구가 이를 증명하고 있다. 과거에는 유전학적 연구의 도움이 없이 인류의 기원과 진화에 관한 종합적인 해석을 하였다. 이 전통적인 해석은 고인류학자와 고고학자, 인류학자 및 관련 분야의 학자들의 도움으로 이루어졌다. 그러나 오늘날 유전학적인 정보는 전통적인 해석에 도움을 주며 새로운 해석을 가능하게 하고 있다.

2.5백만년 전 부터 10,000년 전까지의 구석기시대는 고인류화석과 이들이 남긴 돌연모와 뼈 유물 및 예술품 등을 통해 우리는 인류의 진화과정을 이해 할 수 있었다. 그러나 최근에 급속히 발달한 분자생물학은 우리가 미처 알지 못하는 과거와 현재의 관계를 설명해주는 데 인류의 유전정보를 지니고 있는 DNA 연구의 놀라운 발전 때문이다. 2003년에 그동안 진행된 인류 게놈의 전체 DNA 배열이 밝혀졌다. 이 연구의 놀라운 성과는 특히 60,000~50,000년 전에 시작된 슬기사람에 관한 기존의 현생인류인 슬기사람을 설명하는 데 획기적인 영향을 끼쳤다.

이 책에서는 전통적인 고인류학의 해석에 최근 진행된 유전학적 연구를 더하여 인류의 진화과정의 역사와 특징을 학생들과 일반인들이 쉽게 이해할 수 있도록 기술하고자 노력하였다. 특히 최근에 진행된 현생인류인 슬기사람의 유전학전 연구성과를 소개하고자 한다. 아마도 독자들은 유전학의 새로운 연구 성과가 가져다주는 내용에 놀라움을 가질지도 모른다. 물론 유인원이 인간으로 진화해 가는 과정을 보여주는 그런 내용은 없지만 각각의 진화 단계마다 확실한 증거를 만

나게 될 것이다.

현생인류인 슬기사람이 그들의 고향인 아프리카에서 전 세계로 퍼져나간 과정을 보여주는 상세한 지도는 없다. 그러나 학자들은 아프리카를 벗어나 우리 조상이 걸어간 길과 그들의 이주과정을 설명할 수 있다. 오늘날 우리는 60,000~50,000년 전에 살았던 인류의 마지막 집단의 후손이라는 주장에 대해 고인류학과 고고학의 연구와는 다르게 유전학자들은 게놈 연구를 통해 이들의 어느 정도 크기의 집단이었는지, 또 아프리카 어디에서 살았는지, 언제 언어가 생겼는지, 심지어 최초의 언어는 어떤 소리였는지도 설명하고 있다.

이 책은 모두 크게 3부로 구성되어 있다 ;

제1부에서 고인류학의 안내라는 제목으로 인류의 기원과 진화과정을 이해하기 위한 기본적인 방법론을 소개하였다.

제2부에서는 지금까지 고인류학계에서 진행된 전통적인 고인류 연구의 성과를 기술하였다. 즉 고인류 화석의 발견과 이에 따른 해석을 소개하였다.

제3부는 주로 최근에 진행된 현생인류에 관한 분자생물학의 연구 성과를 소개한다. 우리의 직접 조상인 슬기사람의 출현과 이들이 전 세계로 언제, 어떻게 펴져 나갔는지를 살펴 보았다.

인류의 기원과 진화에 관한 내용은 우리에게 많은 흥미를 주지만 그 내용을 잘 이해하기는 쉬운 일이 아니다. 초·중고등학교에서 위의 내용을 교육 받지 않은 현실에서 일반인은 물론 대학에서조차 학문적으로 접할 기회가 거의 없는 우리의 현실에서는 더욱 어려운 일이다. 1990년 초에 충북대학교에서 고인류학이란 강좌로 처음 강의를 시작하면서 우리글로 쓰여진 교재의 필요성이 있던 차 대우재단의 도움으로 1999년 『고인류학』을 출판하게 되었다. 2003년에 내용을 일부 증보하여 충북대 출판부에서 『생물인류학』에서 한 부분으로 정리하였다. 지난 10 여년 동안 눈부신 유전학의 발달로 인류의 기원과 진화에 관한 기존의 연구에서 문제가 되었던 내용들이 그 답을 얻게 되었다. 2003년 이후 학부와 대학원에서 강의를 하면서 그간 세계 학계의 연구성과와 평소에 지녔던 생각을 종합하여 일반인과 학생들의 이해를 돕기 위한 작은 책자로 써보고자 용기를 내었다. 내용에 오류가 있다면 이는 전적으로 본인에게 잘못이 있음을 말씀드린다.

끝으로 이 책을 낼 수 있도록 용기를 주고 편집과 사진정리 등 자질구레하면서도 힘든 작업을 도와 준 집사람에게 감사를 전한다.

개신골 연구실에서

CONTENTS

Part 1. 인류의 조상을 찾아서

사진 1. 아프리카 라에톨리에서 발견된 최초의 인류발자욱

고인류학의 안내

오늘날 지구에서 번성하고 있는 현생인류인 슬기사람*Homo sapiens*은 인류 중 가장 늦게 지구에 출현한 인류과Hominidae의 한 종이다. 7백만 년 전 처음으로 인류의 조상이 두발로 걷기 시작한 이래 인류의 진화는 슬기사람을 끝으로 그 절정을 이루었다. 이렇게 7백만 년이라는 긴 세월 동안 인류의 기원과 진화 과정을 연구하는 학문을 고인류학Paleoanthropology(paleo=고, anthropology=인류학)이라고 정의한다.

생물인류학의 한 분야인 고인류학은 인류의 기원과 진화를 연구하는 분야로 고인류 화석Human Paleontology과 구석기Paleolithic를 바탕으로 하며 영장류의 진화 과정도 포함한다. 일반적으로 '인류의 기원Human Origins'이나 '인류의 진화Human Evolution'라고 불리기도 한다. 전통적인 고인류학의 연구방법은 실제의 증거물인 고인류 화석과 진화이론을 이용하여 인류의 진화과정을 설명 하고자 한다. 20세기에 발달한 유전학의 연구성과도 함께 이용된다. 이때 고인류학자들이 자주 질문 받는 내용 중의 하나는 '인류의 시작은 언제부터일까?'라는 것인데 이에 대한 답은 인류(호미니드)를 어떻게 정의하느냐에 달려 있다.

고인류학계에서 인류(호미니드 = Family Hominidae의 일반적 이름)는 일반적으로 "먼 옛날 공동조상으로부터 아프리카 유인원과 갈라져 다른 방향으로 진화해 오는 동안 살았던, 그리고 지금도 살고 있는 두 발로 걷는 영장류를 의미한다."라고 정의한다. 바로 호미니드가 다른 영장류와 구분되는 특징이 처음 나타날 때가 인류의 시작임을 의미한다.

전통적인 방법에 의하면 인류와 다른 영장류와의 구분은 특정한 해부학적 기준에 따른다. 즉 인류로 분류되는 기본적인 특징으로는 먼저 바로 서서 두발로 걷느냐 하는 점이며, 머리 크기가 얼마인가, 그리고 어금니 사기질의 두께는 어느 정도인가를 살피며 끝으로 본인 이외에는 월경주기를 알 수 없다는 점들인데 이 중 두발걷기의 여부가 가장 중요한 기준이다. 20세기 이후에 발달한 분자생물학의 연구는 이와는 다른 기준으로 인류와 다른 영장류를 구분한다.

고인류학의 연구 분야는 매우 광범위하기 때문에 자연과학과 생명과학 그리고 사회과학을 망라한 종합적인 연구방법이 요구된다. 이를 통해 인류조상들이 살았던 시기와 사회구조, 행위, 질병 및 환경 등 자연상태에 관한 모든 가능한 정보를 얻고자 한다. 따라서 인류에 관한 연구는 여러 분야에 속한 학자들에 의해 수행되어 왔다.

표 1. 고인류학과 관련된 학문들

자연과학	생물과학	사회과학
지질학	체질인류학	고고학
층위학	고생태학	문화인류학
암석학	고생물학	민족지학
토양학	화분학	심리학
지형학	영장류학	민족고고학
화 학	분자생물학	
동물화석학		

현장과 실험실에서 과학적이고 종합적인 작업이 끝나면 이 모든 정보를 종합하여 고인류학은 다음과 같은 내용을 포함한 연구결과를 발표한다;

1) 유적의 연대(지질상 · 고동물학상 · 지형학상 연대)
2) 고생태학 연구(고동물학과 화분학)
3) 고인류(호미니드)의 행위(고고학)
4) 고인류(호미니드)의 해부학상 특징
5) 유전학적 연구

이러한 연구를 바탕으로 고인류학은 인류의 직접적인 조상이 누구인가를 밝히거나, 최소한 이들과 가장 가까운 존재가 무엇인지 규명하여 인류진화가계도Phylogeny of Humankind를 작성하고자 한다.

지금까지 알려진 인류과에 속하는 화석으로는 사헬란스로푸스*Sahelathropus*, 오로린*Orrorin*, 아르디피테쿠스*Ardipithecus*, 오스트랄로피테쿠스*Australopithecus*, 파란스로푸스*Paranthropus* 및 호모*Homo*의 6 개의 속으로 분류된다. 이때 이른 시기의 호미니드인 오스트랄로피테쿠스 속과 파란스로푸스 속으로 분류된 화석 전체를 오스트랄로피테사인스Australopithecines라고도 부른다.

20세기 이후 지금까지 진행되고 있는 대표적인 고인류학의 연구는 주로 아프리카의 큰 골짝The Rift Valley를 따라서 이루어졌다. 연구의 초점은 이른 시기인 플라이오·플라이스토세의 고인류(호미니드)들, 즉 인류의 기원을 찾기 위한 조사에 집중되고 있음을 알 수 있다. 그러나 최근에 발견된 파키스탄의 포트와 지역과 아프리카 사하라 지역(챠드)에서 출토된 화석에 따르면 가장 이른 시기에 출현한 인류조상은 마이오세 말경으로 보이며 이는 분자 생물학의 연구결과와 일치한다.

한편 인류의 기원과 진화의 과정에 대해서는 많은 논쟁이 있는데, 그 논쟁의 주요 쟁점은 인류가 진화를 했는지, 아닌지를 규명하는데 있는 것이 아니라 진화가 언제, 어디서, 그리고 어떻게 일어났느냐에 대한 학자들마다 각기 다른 설명과 해석에 관한 것이다. 고인류학자들은 부서진 뼈 화석 조각들을 통해 자신들의 이론을 증명하고자 한다. 그 때문에 학자들 사이에 서로 다른 해석들이 나올 수 있으며, 이에 관한 논쟁은 매우 주관적일 수 있다.

이런 문제들을 극복하고 인류의 기원과 진화에 관한 여러 이론을 이해하기 위해서는 먼저 고인류학적 증거인 호미니드 화석의 해부학적 증거와 유전학적 증거에 초점을 맞추어 역사적 기록을 살펴보아야 하며, 다른 한편으로는 사람과 가까운 관계를 가지고 오늘날까지 살아 있는 영장류들과 비교해야 한다.

고인류학 연구의 이론과 방법

고인류학은 인류의 기원과 진화를 연구하는 학문이다. 인류는 7~5백만 년 전 마이오세 말에 다른 유인원과의 공통조상으로부터 갈라져 긴 여행 끝에 오늘날 우리 자신인 현생인류인 슬기사람에 이르게 되었다. 이 책에서는 인류의 진화를 이해하기 위해서 이를 뒷받침할 증거를 살펴본다. 먼저 인류의 진화과정을 이해하는 바탕이 되는 진화Evolution라는 개념이 어떻게 생겨났는지, 그 증거는 무엇이며, 화석의 연대는 어떻게 알 수 있는지, 그리고 새로운 종은 어떻게 출현하는지 등등 인류의 기원과 진화과정의 단계를 이해하는 데 필요한 일반적인 내용을 소개한다. 영장류와 인류는 어떤 관계인지 그리고 고인류화석과 연모들의 발견의 역사와 발굴기법 및 이들이 살았던 당시의 환경은 어떠했는 지 등도 간단하게 살펴본다.

진화론의 발달

진화는 "생명체는 시간이 지남에 따라 변하고 변화에 의해 때때로 새로운 생명체가 생겨난다"라고 정의된다. 이 개념은 생물체를 연구하는 모든 과학의 중심 주제로 인간과 그들이 몸담고 있는 세계에 절대적인 영향을 미쳤다.

"모든 동물과 식물이 서로 관련이 있다"는 사실은 불과 100여 년 전 찰스 다윈Charles Darwin과 알프레드 러셀 월러스Alfred Russel Wallace의 연구에 의해 알려졌다. 자연선택에 의해 진화가 일어난다는 다윈과 월러스의 생각은 그 내용이 복잡하지 않고 간단하다.

다윈이 살던 시기에 진화에 대한 개념은 이미 새로운 것이 아니었다. 실제로 현대 진화론의 바탕은 17세기에 유럽에서 시작되었다. 계몽주의 이전 중세 유럽 사회는 쥬대오-크리스찬 전통의 시대였다 이 시대에는 우주와 지구의 모든 생명체는 오직 하나님 한 분에 의해 창조되었다는 성경의 창세기의 내용이 사회의 모든 생각을 지배하고 있었다. 실제 1650년 아일랜드 아르마의 주교인 제임스 우써James Usser는 성경의 창세기장에 기초하여 기원전 4004년 10월 23일에 창조가 일어났다고 계산하였으며 죤 라이트후트John Lightfoot는 오전 9시에 창조가 시작되었다고 주장하였다. 이렇게 성경 내용에 의해 지구의 나이를 계산한 방법은 아마도 에쎈셜리즘Essentialism과 존재대사슬The Great Being이라는 관념을 내세운 기원전 4세기 그리스의 철학자인 플라톤과 아리스토텔레스의 영향을 받았기 때문이다.

중세 이후 자연과학자나 철학자들은 성경이 아닌 지구자체로부터 직접 지식을 얻고자 하였는데 17세기 이후 로버트 후크Robert Hooke와 니콜라스 스테노Nicholas Steno 등에 의한 동식물과 지질의 연구가 그 한 예이다. 그러나 후크와 스테노는 여전히 성경의 연대기를 믿었다.

한편 르네상스를 거치면서 콜럼버스의 아메리카 대륙의 발견과 무어인의 유럽 침공, 총포의 발견 및 루소와 버클리 등에 의한 사상의 발달과 코페르니쿠스 등에 의해 천체에 대한 이해가 확대되었다. 이 후 이제 사람이 더 이상 우주의 중심이 아니고, 유럽은 평평한 모양을 하고 있는 지구의 중심이 아니라는 중요한 '인식의 변화'가 일어나기 시작했다.

18~19세기에 들어 유럽사회는 자연의 법칙에 대한 관심이 싹트고 있었으나 아직도 자연의 모든 현상은 조물주의 의도에 의한 것이라고 믿었다. 카롤르스 린네Carolus Linneanus는 이 시기 자연 연구의 대표적 인물이다. 그는 지구의 동식물을 형태에 따라 분류하여 『자연의 체계*Systema Naturae*』(1758)에 발표하였다. 그의 분류는 조물주의 의도가 무엇인지를 알고자 하는 데에 있었다. 이런 린네의 연구를 시작으로 죠지 쿠비에Georges Cuvier, 부퐁Comte de Buffon, 제임스 허튼James Hutton, 챨스 라이엘Charles Lyell, 에라스무스 다윈Erasmus Darwin, 라마르크Jean Baptist de Lamarck , 및 토마스 말더스Thomas Robert Malthus 등 자연학자들에 의해 진화라는 개념의 바탕이 축적되었으며, 유럽 사회는 이를 토대로 자연의 법칙에 관한 관심이 싹트게 되었다. 이들의 연구에 의해 지구의 모습은 초자연적인 힘이 아닌 자연적으로 형성됐으며, 지구의 역사에 관한 자료는 신앙체계가 아닌 지구 자체에서 얻어야 한다는 사고가 싹트기 시작하였다. 그 결과 19세기 초 지구의 모습은 일정한 변화가 서로 작용하면서 형성되었다는 생각이 널리 펴졌다. 그럼에도 일반적으로 사람들은 여전히 자연의 모든 현상은 조물주의 의도에 의한 것이라고 믿었다.

18~19세기에 학계는 점차 자연과학에 대한 통찰력과 새로운 해석을 시도하면서 생명체는 변화를 겪는다고 믿으며 이런 변화를 균일설의 입장에서 과학적으로 설명하고자 하였다. 그러나 소위 '종의 변형Transmutation of Species' 이라는 생각은 지구가 변하였다는 생각보다 더 격렬한 논쟁을 가져왔다. 만일 생명체가 오랜 시간 끝에 자연적인 과정을 거쳐 생겨나고, 또 변했다면 이런 과정은 인간에게도 똑같이 적용되어야하기 때문이다. 이는 부분적으로 생물학적 변화를 조물주의 의도에 기초한 천지격변설Catastrophysm로 설명하는 쿠비에의 생각과는 다르다.

다윈이 태어날 때 세상은 생물학적 변화를 수용하고 있었으나 변화의 메커니즘에 대해서는 알지 못했다. 학계는 라마르크처럼 균일설Uniformiterianism을 지지하는 학자와 쿠비에의 천지격변설을 선호하는 학자들로 나누어져 있었다. 이런 당시의 학문적 배경을 바탕으로 한 세기 이상 끌어온 논쟁에 처음으로 다윈이 과학적 논거에 근거한 변화의 메커니즘을 제시하였다.

지난 반세기 동안 멘델에 의해 시작된 유전학의 연구를 이어받은 유전학자들은 다윈과 월러스가 관심을 가졌던 생명체를 '종'과 '개인' 그리고 '세포'와 '분자' 단위까지 연구하여 개인의 유전적 특징이 다음 세대에 어떻게 전달되는지를 밝혔으며, 이들이 연구하는 진화생물학은 인류 진화에 관한 기본 틀을 제시해 주고 있다.

다윈의 진화론과 현대 진화론

찰스 다윈의 생애와 그의 과학적 업적은 인류 과학사에서 흥미진진한 이야기 중의 하나이다. 영국의 부유한 가정에서 태어난 다윈은 어려서부터 이미 자연계와 그 존재에 대해 관심을 가지고 있었으며, 23살이 되던 해에 자연과학자의 자격으로 지질탐사를 목적으로 출항하는 구축함 '비글호'에 탑승하게 되었다. 5년간의 조사 기간 중 다윈은 많은 동식물과 화석들을 관찰하였으며 라이엘의 『지질학원론*Principle of Geology*』를 위시하여 다양한 책을 섭렵하였다. 1837년, 27살 때 영국으로 돌아온 다윈은 저술을 시작하여 1859년 자신의 연구를 『자연선택에 의한 종의 기원 *The Origin of Species by Means of Natural Selection*』이라는 제목으로 출판하였다.

다윈은 이 책에서 인류의 진화에 대해서 아주 짧게 언급하였다. 그럼에도 불구하고 즉각 격렬한 비판이 일어났으니 당시 대부분의 사람들은 "인류는 다른 모든 생물과 관련이 있다"는 다윈의 주장을 받아들일 준비가 충분히 되어 있지 않았기 때문이다. 다윈의 주장은 아래와 같이 요약된다;

첫째 : 생명체는 그들 집단의 규모를 일정하게 유지하기 위한 수보다 더 많은 자식을 생산한다. 따라서 어린 개체의 사망률이 높다.

둘째 : 각 개체 안에는 변이Variation가 있는 데 이때 특별한 특징을 지닌 개체가 환경에 더 잘 적응하며 적응에 실패한 개체는 도태된다. 이런 생각은 말더스의 '인구론'에서 빌려왔다.

셋째 : 자식들은 부모를 닮았는데 이는 부모의 특징이 자식에게 전달되어 유지되었기 때문이며, 자식세대는 차츰 변화에 적응하는 정도를 높인다.

다윈은 변이의 과정과 환경에 더 잘 적응하는 개체의 선택을 자연선택Natural Selection이라고 부르며 이를 바로 진화의 직접 요인으로 파악하였다. 자연선택이란 개념은 사람으로 하여금 사물에 대한 인식의 혁명을 가져오게 했다. 다윈의 업적은 진화를 발견하지는 않았지만 진화에 관한 증거와 이론을 제공하였다는데 있다. 다시 말해 그의 업적은 종들은 하나하나 창조된 것이 아니며, 자연선택이 생물 사이에서 변화의 직접 원인이라는 점을 밝혔다는 데에 있다. 이때 사용한 증거로는 끊임없이 나타나는 화석들과 화석들의 남은 부분, 살아 있는 동물들의 몸의 구조에 관한 해부학적 비교자료 및 동물 자신을 스스로 번식시키는 데 필요한 지식을 들고 있다. 다윈은 이런 것들을 근거로 진화론을 주장하였는데, 그는 진화를 '자손에서 나타나는 변화 A Change as a Descent with Modification'로 정의하였다. 이어 1871년에 간행된 『인류의 후예』 등의 저서는 인류의 의식에 혁명적 변화를 가져왔다.

"모든 생명체는 초자연적인 힘에 의해 만들어진 것이 아니다"라는 다윈의 진화론은 지난 100여 년 간 인류의 모든 면에 강력한 영향력을 행사했다. 이런 점에서 많은 사람들은 일찍이 자연선택이 생물의 진화요인이었다고 생각할지 모르나 실제로는 1930년대까지 많은 논란이 이어졌다. 다윈은 그의 진화론을 구상하는 과정에서 개체에 변이가 일어나는 이유를 알지 못해 생물이 살아 있을 때 얻어진 특징들은 다음 세대에 전해진다는 라마르크의 연구 결과에 의존하였다. 그러나 변이가 왜 일어나는지는 멘델Gregory Mendel 때에 와서야 설명이 가능하였다.

진화론이 발표된 이후 많은 학자들은 진화의 요인이 자연선택이라는 다윈의 이론을 지지하였으나 다윈이 설명할 수 없는 것들에 비판적인 견해가 집중되었다. 그 중 가장 중요한 질문은 생명체에 변이가 왜 생기는지에 관한 것이었다. 이에 대한 답은 20세기 초 멘델의 유전학 연구를 이어받은 유전학자들에 의해 이루어졌는데 그들은 진화의 변화를 가져오는 주요 요인이 유전물질의 변화라고 밝혔다.

현대 진화론은 다윈과 월러스의 연구뿐 아니라 1930년부터 1959년 사이에 발달한 유전학, 동물학, 발생학, 생리학과 수학 등의 학문의 발달에 힘입어 성립되었다. 새로운 연구 성과는 쥴리안 헉스리Julian Huxley가 주창한 '현대 진화론Modern Synthetic Theory of Evolution'이라는 이름으로 통합되었다.

현대 진화론에서는 진화를 "한 집단의 유전자 구성 빈도가 세대가 지남에 따라 변하는 것 A Change in Allele from One Generation to Another"이라고 정의한다. 현대 진화론의 주된 내용은 '서로 다른 재생산'이라는 개념을 바탕으로 "점진적인 진화Phyletic Gradualism"와 개체 내에서의 변이를 인정하였다. 또한 현대 진화론에서는 돌연변이Mutation, 유전자 표이Genetic Drift, 유전자 이동Gene Flow, 그리고 자연선택을 진화의 요인으로 들며, 이 중 자연선택을 진화의 추진 요인으로 인정하였다.

이렇게 현대 진화론에서는 다윈의 자연선택이 검증되고 또 유용하다는 것이 증명되었다. 20세기에 오면서 새로운 증거들이 보충되었으며 다윈의 진화론에서 설명할 수 없었던 많은 의문들이 해결되었다. 학자들은 다윈의 자연선택 이론과 멘델의 유전학 연구 성과를 확대하였다. 새로운 내용의 연구와 더불어 1950년대의 유전자 구조의 발견과 이에 따른 엄청난 연구 성과는 지난 백 년 동안 많은 학자들의 연구를 바탕으로 이루어졌다. 현대 진화론을 연구하는 학자들은 이 분야에 관한 연구가 눈부시게 발전했으나 아직도 갈 길이 멀다는 데에 대체로 의견을 같이한다.

대진화 : 종의 출현과 진화

진화를 이해하기 위해서는 짧은 시간에 진행되는 분자 단위부터 개인, 그리고 주민 집단에 관한 연구인 소진화Microevolution와 오랜 시간 동안 진행되는 대진화Microevolution의 내용을 이해하여야 한다. 일반적으로 창조론이나 지적설계론에서 거론하는 진화는 대진화를 말하는 것인데 수 천·수 백만 년 동안에 걸쳐 진행된 변화를 사람들이 직접 관찰 할 수가 없기 때문에 과학적 증명이 불가능하다고 한다. 그러나 수많은 과학적 증거가 있으며 특히 지질학적 기록을 통해 변화의 사실을 확인할 수 있고 대진화가 실제로 일어났다는 것을 증명할 수 있다. 대진화에 관한 가장 큰 주제는 아마도 새로운 종의 출현에 관한 것인데 이에 관한 내용은 중요한 화석기록의 변화를 통해 설명된다. 여기서는 대진화에 관련된 내용들을 살펴보기로 한다.

종의 개념

동물의 종은 크게 두 가지 방법에 따라 구분한다. 그 중 하나가 형태적인 특징을 기준으로 하는 방법이다. 이는 그리이스의 아리스토텔레스로부터 18 세기의 린네에 이르기까지 사용되던 방법으로 종들을 생김새에 따라 구별하여-형태학적 종의 개념 Morphological Species Concept-, 만일 생김새가 아주 다르면 서로 다른 종으로 구분한다.

또 다른 방법으로는 오늘날 살아 있는 동물의 경우에 적용하는 '생물학적 종의 개념Biological Species Concept'이다. 이때 종의 개념은 동물 암·수가 서로 교배할 수 있는지에 달려 있다. 이 개념에 따르면 종이란 서로 짝을 찾아서 새끼를 낳을 수 있는 무리로서 이들은 다른 무리들과는 짝을 짓지 않는다. 그러나 화석인 경우에는 이를 증명할 수 있는 직접적인 방법이 없기 때문에 고동물학에서는 '옛날 (고)종Paleospecies' 개념을 사용하고 있다.

종의 변화는 표 2에서 처럼 둘째 경우인 서행진화Anagenesis(하나의 종이 점진적으로 다른 종으로 변하는 현상)와 셋째 경우인 파행진화Cladogenesis(하나의 종이 시간이 지남에 따라 둘 이상의 종으로 갈라지는 현상)에 의해 일어난다. 이때 파행진화는 같은 지역에서 일어나는 '같은 지역 분화Sympatric Speciation'와 다른 지역에서 일어나는 '다른 지역 분화Allopatric Speciation'로 다시 나누어진다.

새로운 종의 출현은 각 집단에 따라 다르게 작용하는 돌연변이, 유전자 표이, 유전자 이동 및 자연선택 등의 과정을 통해서 일어난다. 예를 들어 지리적으로 넓은 범위에서 살고 있는 종의 경우, 한 지역에서 사는 집단은 그들이 사는 특별한 환경에 맞게 적응한다.

만일 강의 흐름이 바뀌거나, 빙하가 발달하거나 아니면 자원이 고갈되는 등의 환경 변화가 일어나면, 비록 같은 종이지만 종을 구성하는 집단들은 지리적으로 구분된다. 시간이 지나면서 각 집단은 서로의 유전자를 교환하지 못한 채 계속해서 그들만의 환경에 적응하며 자신들만의 유전형Phenotype과 표현형Genotype 특징을 축적한다. 세월이 지나 지형적 장애가 없어지면 두 집단이 다시 섞여져도 교배가 일어나지 않을 수도 있는데, 이것은 이미 서로 분리된 종으로 분화가 일어났기 때문이다.

표 2. 종의 변화 방법

시간		
첫째 경우, 종 A	→	종 A : 분화가 일어나지 않음
둘째 경우, 종 A	→	종 B : 서행진화(Anagenesis)
셋째 경우, 종 A	→ ↘	종 A : 종 B : 파행진화(Cladogenesis)

한편 화석만으로는 교배가 가능한 지를 직접 알 수는 없으므로 화석의 모양을 이용하여 종을 구분할 때는 항상 변이의 폭Range of Variation을 염두에 두어야 한다. 즉 두 표본을 비교할 때 모양은 비슷하나 크기가 정상적인 변이의 범위를 벗어나면 다른 종으로 분류해야 한다.

종을 분류할 때 또 다른 문제는 학자들 사이에 바탕이 되는 견해가 다르다는 것이다. 즉 어떤 학자들은 종 안에서 변이의 폭이 크기 때문에 새로운 종으로 분류하기보다는 기존에 알려진 종의 범주로 간단하게 분류하는데 이를 '모으기Lumping'라고 한다. 반대로 화석들에서 작은 차이가 있어도 이를 분화된 종으로 보는 경우를 '가르기Splitting'라고 한다.

분류학과 진화

대진화와 종의 기원을 말할 때는 먼저 지구상에 다양한 생물을 어떻게 분류하는 지를 살펴보아야 한다. 지구에 존재하는 170 만종이 넘는 수많은 생물의 다양성을 연구하는 분야를 계통학Systematics이라 하며 계통학의 한 방법인 분류학Taxanomy은 인류가 어떻게 진화해 왔는가를 살펴보는 데 절대 필요하다.

지구상에 살고 있는 생물의 다양성을 표시하기 위해 린네는 1758년 『자연의 체계*Systema Naturae*』에 처음으로 분류의 체계적인 방법을 소개하였다. 현대 분류학 체계는 린네의 연구를 바탕으로 하며 생물계를 크게 동물계와 식물계로 나눈다. 같은 이름을 가지고 있는 무리를 택손

Taxon이라고 하며 이는 하나의 종을 의미한다. 이 무리들이 모여 상위개념인 택사Taxa를 이룬다. 이때 서로 관련이 있는 동식물을 구분하는 기준은 이들이 서로 나누어 지닌 해부학상 특징의 닮은 정도에 따른다. 생물의 이름을 정하는 방법은 170만 종이나 되는 모든 동식물들을 분류하기위해 만들어졌다. 이때 각각의 동식물들은 두 개의 문자로 이름을 갖게 되는데 이를 린네 또는 '이중이름명명법 Linnaeuan or Binomial Nomenclature'이라고 한다. 이 때 종의 이름은 이탤릭체로 하며 앞 이름은 대문자, 뒤 이름은 소문자로 하는 데 이렇게 생물의 이름을 정할 때는 국제협약에 따라야 한다. 협약에는 두 개의 중요한 규칙이 있는 데 첫째가 '우선의 법칙 Law of Priority'으로 이는 처음 지어진 이름에 우선권이 있으며 한번 정해진 이름은 변경될 수 없음을 뜻한다. 둘째는 '대표 형태의 규칙Law of Type'으로 새로운 종의 이름을 만들려 할 때는 반드시 대표되는 표본이 하나 있어야 한다는 뜻이다.

표 3. 린네의 분류체계에 따른 사람과 말의 분류

	사람	말
계(界 : Kingdom)	동물계(Animalia)	
문(門 : Phylum)	척색동물문(Chordata)	
강(綱 : Class)	젖먹이동물강(Mammalia)	
목(目 : Order)	영장류목(Primates)	홀굽동물목(Perissodactylar)
과(科 : Family)	사람과(Hominidae)	말과(Equidae)
속(屬 : Genus)	사람속(Homo)	말속(Equus)
종(種 : Species)	사람(*Homo sapiens*)	말(*Equus caballus*)

이 책에서는 영장류 중의 하나인 인류를 주제로 하는 데 오늘날 지구상에는 약 180 종류의 영장류가 살고 있으며 인류는 그 중 한 종이다. 린네는 영장류를 다른 동물로부터 분리시켰는데 이는 인간이 영장류에 속해 있기 때문이다. 영장류Primates란 말은 라틴어의 'primus' 곧 '첫째'라는 뜻에서 유래되었다.

인류의 진화과정을 연구할 때 인류 이외의 영장류들의 연구가 중요하다. 이는 영장류의 연구를 통해 인류의 신체적 특징과 생리 현상 및 행동 그리고 진화 등에 대해 더 잘 이해할 수 있기 때문이다. 영장류는 6천 5백 만년 전 부터 서로 같은 길을 따라 진화해 왔기에 살아있는 영장류는 진화에 대한 모델을 제공하며 이들을 연구함으로써 인류조상의 행위를 추론할 수 있다. 이때 염두에 두어야 할 점은 오늘날 살고 있는 유인원은 결코 인류가 될 수 없다는 점을 염두에 두어야 한다. 이는 인류와 오늘날 살고 있는 유인원은 공통조상에서 갈라져 나온 진화의 마지막 산물이기 때문이다.

표 4. 분류학상으로 본 사람 *Homo sapiens*의 분류

분류단계	슬기사람
Kingdom 계 界	Aniamls 동물계
Phylum 문 門	Chordates 척색동물
Subphylum 아문 亞門	Vertebrates 등뼈동물
Class 강 綱	Mammals 젖먹이동물
Subclass 아강 亞綱	Palcental mammals 태반동물
Order 목 目	Primates 영장류
Suborder 아목 亞目	Anthropoids 앤스로포이드
Superfamily 초과 超科	Hominoids 인류초과
Family 과 科	Hominidae 인류과
Genus 속 屬	Homo 인류속
Species 종 種	*Homo sapiens* 슬기사람

동물을 분류할 때 가끔 닮은 점을 볼 수 있는 데 이는 독자적인 진화의 결과로 가까운 조상으로부터 시작된 평행진화Parallel Evolution때문일 수도 있으며 아니면 비교적 가까운 조상으로 갈라져 나온 상근진화Convergent Evolution이기도 하다. 그러나 동물의 진화관계를 복원하기위해서는 닮은 점은 평행진화나 상근진화보다는 공통조상Common Ancestor으로부터 갈라져 왔기 때문이라는 점에 초점을 맞춘다. 이때 사용되는 분류방법으로는 전체를 비교하는 방법phenetics과 서로 나누어 지닌 특징을 기준으로 하는 클라디스틱Cladistics 방법이 있다.

대진화의 속도와 방법

대진화에 관한 연구 중 지난 반세기 동안 중요시 되었던 주제는 변화의 속도와 방법Tempo & Mode에 관한 것이었다. 새로운 종은 얼마나 빠르게 만들어지나, 또 분화는 작은 집단에서 일어날까, 아니면 큰 집단에서 일어날까? 그리고 새로운 종을 만들어내는 진화의 요인은 무엇일까? 하는 의문은 모두 변화의 속도와 방법에 관한 것이다. 오늘날 대진화의 속도와 방법은 다윈이 주장한 진화점진론Phyletic Gradualism과 스티븐 제이 굴드Stephen J. Gould와 니일 엘드리지Nile Eldrege 등이 주창한 계단평형설Punctuated Equribrium로 설명되고 있다.

찰스 다윈은 자연선택이 진화의 요인이라고 생각하였으며, 자연선택을 종의 개체가 지속적으로 변화를 선호하거나 아니면 거절하여 개체를 환경에 맞게 조율하는 기능을 가진 것으로 파악하였다. 이렇게 지속적인 자연선택은 마침내 종을 크게 변화시켜 새로운 종을 출현하게 하며 다윈은 이런 과정이 천천히 진행된다고 생각하였다. 이는 다윈이 주장한 진화점진론의 핵심 내용이

다. 이러한 다윈의 가설은 모든 진화선상에서 미세하게 변화된 중간형을 찾을 수가 없다는 문제를 지니고 있는데 다윈은 이런 문제를 '불완전한 지질학적 기록 때문Imperfaction of Geological Records'이라고 설명하였다. 그러나 화석기록을 보면 어떤 종은 오랫동안 변하지 않은 상태를 유지하다가 갑자기 새로운 종으로 나타난 것으로 보인다. 그 예로 인류는 유인원을 닮은 모습에서 인류를 닮은 모습으로 지속적으로 천천히 변하지 않았음을 알 수 있다.

한편 계단평형설에 따르면 환경에 대한 종의 적응평형이 본래 종의 집단에서 갈라져 나온 새로운 종의 진화에 의해 중단되며 이때 본래 종은 당분간 변하지 않은 채로 남아있다는 것이다. 1972년 굴드와 엘드리지에 의해 주장된 이 가설에 의하면 진화는 천천히 갈라지는 것이 아니라 많은 잔가지를 갖는 관목 같은 형태로 진행된다는 것이다. 이 잔가지들이 진화의 산물로 새로운 종을 의미하는데 많은 잔가지는 짧은 시간 중에 절멸하며 그 중 긴 가지가 새로운 종으로 자리한다는 것이다.

진화점진론과 계단평형설은 화석기록이 무엇을 의미하는가를 설명해주는 모델들이다. 따라서 어느 모델이 화석기록을 더 잘 설명하는지를 결정하는 것이 어려운 일은 아니지만 문제는 화석기록이 완전하지 못하다는 데에 있다. 실제로 화석기록에서는 각기 진화점진론과 계단평형론을 지지해주는 경우가 많이 있기에 어느 모델이 더 타당하다고 말할 수는 없다. 단지 두 모델은 진화의 속도와 방법에 대해 극단적인 생각을 보여 준다. 대진화를 설명하는데 어느 모델이 타당한가는 특정한 종류의 생명체와 환경 조건에 따라 결정된다. 따라서 다른 조건 아래서 진화의 속도와 방법을 결정하는 요인들을 찾아내는 것이 진화생물학의 중요 연구과제이다.

그림 1. 진화점진론(a)와 계단 평행론(b). (a)에서 구조는 시간에 따라 빠르게, 그리고 정체를 거치며 변화하는데 비해 (b)에서는 시간에 따라 천천히 지속적으로 변화가 일어난다.

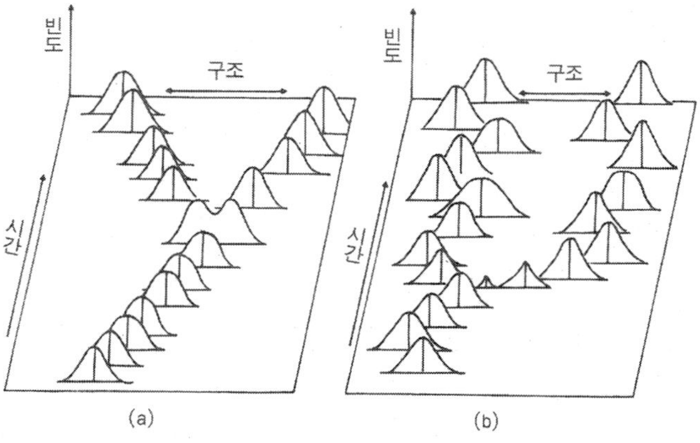

화석 기록의 연대 측정

진화의 연속성을 알기 위해서는 먼저 화석기록의 연대가 결정되어야 한다. 진화란 시간과 함께 진행되는 과정이기에 화석의 연대를 알 수 없다면 진화의 변화가 어떻게 일어났는지를 이해할 수 없기 때문이다. 화석의 연대를 결정하는 방법은 크게 상대연대측정법과 절대연대측정법의 두 가지 방법이 있다. 전자의 방법은 어느 화석이 더 오래됐는지는 말해주지만 정확한 연대는 결정하지 못하는 반면 후자의 방법은 방사성 동위원소를 이용하여 화석의 정확한 연대를 결정해준다.

상대연대측정법 : 이 측정방법은 층위Stratigraphy를 기본으로 한다. 층위학은 '퇴적의 법칙 The Principle of Superposition'을 바탕으로 하는데 이는 같은 유적의 경우 층위에 교란이 없을 때 밑층의 퇴적은 위층의 퇴적보다 연대가 더 오래된 것임을 의미한다. 특히 동물화석을 바탕으로 하는 경우를 동물층위학Biostratigraphy이라고 한다. 기준으로 이용되는 동물화석으로는 유럽의 경우 습들쥐Mimomys와 물쥐Alvicola 같은 쥐를 이용하며, 아프리카에서는 말, 코끼리 및 돼지 등이 기준 화석으로 사용된다. 아시아의 경우에는 털코끼리, 짧은 꼬리 원숭이, 갈밭쥐 등이 이용된다. 한편 퇴적의 화학성질을 이용하는 방법으로는 불소를 이용하는 연대측정이 대표적인 방법이다.

절대연대측정법 : 고고학 유적지의 연대를 가늠하는 데에는 동물화석 층위 연대측정이 기본적으로 이용되지만 절대연대측정 또한 이에 못지않게 중요하다. 절대연대측정은 어떤 지역의 지질 역사에 별로 크게 상관없이 층위의 연대를 나타내주며 나아가 전 세계의 어느 곳에서나 층을 구성하고 있는 물리·화학적 구조물에 대해 사용될 수 있다. 화석이 출토된 유적의 정확한 연대를 밝히는 방사성 동위원소 절대연대측정방법에는 포타슘/아르곤K/Ar 측정방법, 핵분열 트랙Fisson-Track, 우라늄 U-S측정, 방사성 탄소연대C14 측정방법, 그리고 열형광Th 측정방법 등이 있다. 방사성 동위원소를 이용하지 않는 절대연대 측정방법에는 바다퇴적물 분석Deep Sea-Core과 아미노산 분석AAR, 고지자기Paleomagnetic 분석방법이 있다.

화석의 절대연대를 말할 때 B.P.라는 용어를 사용하는데 이는 '현재 이전Before Present'라는 의미로 여기서 현재란 1950년을 나타낸다. 일부는 B.C.(예수 이전 Before Christ)라는 용어를 사용하나, 대부분은 B.P.를 사용한다. 예를 들어 50,000 B.P는 1950년부터 50,000년 전이라는 뜻이다. 이 때 주의할 점은 절대연대는 가능성을 나타낸다는 점이다. 예를 들어 어느 유적의 절대연대가 50,000±300년이면 이 유적의 연대는 49,700년부터 50,300년 사이에 들어갈 가능성이 60% 이상이라는 의미이다.

그림 2. 절대연대측정법과 측정 가능연대

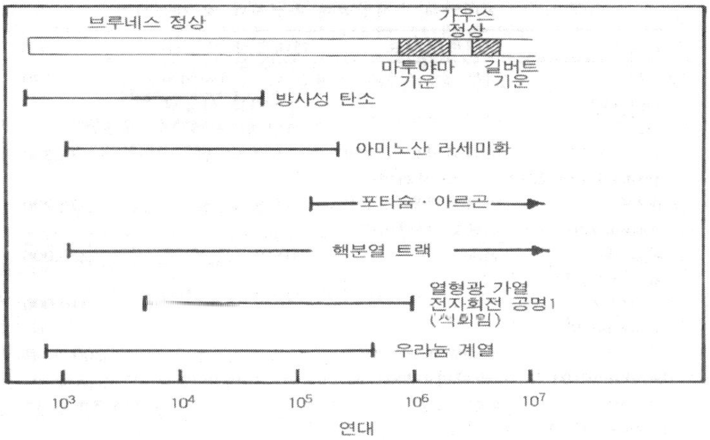

한편 분자 생물시계는 최근에 발달한 절대연대측정으로, 다른 측정방법과는 다르게 현재 살아 있는 동물들을 바탕으로 한다. 이 방법은 동물 사이의 단백질이나 핵산DNA에서 보이는 차이가 일정한 비율로 축적되는 원리를 이용한다. 비율은 화석기록을 통해서 분화가 일어난 시간을 알 수 있는 동물들이 얼마나 다른지를 조사하여 얻어진다. 이때 비율은 한 동물이 자신의 공통조상으로부터 갈라져 나온 시간을 결정하는데 이용된다.

고인류 연구와 관련된 연구들

여기서는 동물이 죽은 후 어떻게 화석이 만들어지며 화석을 발굴하는 방법과, 화석을 바탕으로 환경을 복원하는 작업과 동물의 기능을 통해 진화과정을 밝히는 작업에 대해 살펴본다.

생물화석학

생물화석학(Taphonomy: taphos=burial, nomos=law)은 뼈나 동식물이 어떻게 화석이 되는 지를 밝히는 학문이다. 살아있는 동식물이 화석이 되기까지는 여러 단계를 거쳐 진행되는 데 각 단계마다 정보들이 유실되거나 축적된다. 이때 얻어진 정보들은 인류화석이 출토된 유적을 이해하는데 기본이 된다.

생물의 화석화 과정은 살아있는 생물이 화석으로 진행된 일련의 과정을 거쳐서 진행된다. 출토되는 뼈들은 동물의 일부분이며, 이를 통해 동물의 특징을 밝힐 수 있고 죽을 때의 나이와 건강상태 등을 가늠할 수 있다. 살아있을 때 영양이 부실하거나 질병에 걸렸다든지 그리고 나이 들어 죽은 동물의 뼈는 화석으로 잘 남아 있지를 않는다. 만일 하이에나 같은 식육류가 동물을 잡아 먹었다면 동물의 뼈는 부서진 채로 출토된다. 반대로 악어나 작은 식육류처럼 사냥감을 삼켜버리면 출토된 뼈화석은 부분적으로 파손 흔적을 남긴다. 뼈에 하이에나가 남긴 흔적은 사자 등이 남긴 흔적과 구별이 된다.

뼈화석을 연구할 때 문제는 식육류가 사냥감을 다 먹지 않고 남겨두었을 때로 해석에 혼란이 올 수 있다는 점이다. 바로 남은 고기를 주어먹는 동물들의 흔적 때문이다. 실제 처음 먹이감을 사냥한 식육류와 남긴 고기를 주어먹는 동물을 구분하는 작업은 쉽지 않으나 이를 구분하는 일이 중요하다. 왜냐하면 남은 고기를 주어먹는 식육류는 단지 땅 위에 남아 있는 먹이를 취하지만 사냥을 하는 식육류는 일련의 사냥행위를 통해 먹이를 잡기 때문이다. 사냥을 하는 식육류는 먹잇감의 영양가가 높은 부위를 먼저 취하고 나머지는 주어먹는 동물의 몫으로 남겨둔다.. 따라서 남겨진 뼈화석을 잘 관찰하면 어떤 종류의 식육류의 행위인지를 구분할 수 있다.

뼈의 손상과 풍화 : 유적지에서 출토된 뼈들을 남긴 주체가 누구인지를 밝히기 전에 뼈에 작용한 요인들을 살펴볼 필요가 있다. 뼈는 짓밟는 행위에 의해 부서질 수도 있고, 바람이나 물에 의해 옮겨질 수 있으며, 햇빛에 노출되거나 비와 바람에 의해 손상을 입을 수 있다. 뼈 겉을 감싼 연조직이 완전히 없어지면 뼈의 손상이 빨리 진행된다. 즉 많은 변수가 있지만 뼈의 노출이 심할 수 록 뼈의 손상이 빨리 진행된다. 또한 뼈의 손상은 기후와 밀접한 관련이 있어 온대지방보다는 열대지방에서 더 빠르게 영향을 받으며, 지역의 식생이나 물리적 요인들도 손상의 비율과 정도에 영향을 끼친다. 그리고 일상적으로 동물들이 다니는 이동경로 등에 의해서도 영향을 받는다.

이른 단계에서 생기는 뼈의 손상과 풍화는 늦은 단계에서의 손상과 풍화와 구분이 가능하다. 식육류가 씹거나 배설한 뼈는 생뼈 보다 더 잘 풍화된다. 또한 풍화된 뼈는 생뼈보다 더 잘 닳는데 이런 일련의 과정은 통해 발굴된 뼈의 상태를 이해 할 수 있다. 동물이 땅 속에 묻힌 후에도 토양이 생물학적으로 활동을 하면 풍화작용은 진행된다. 땅 속에서의 풍화작용은 땅 표면에서의 작용과는 다르거나 거의 같을 수도 있다. 따라서 뼈에 화석화가 일어나기 전에 어떻게 죽어 묻혔는지를 알 수 있다.

땅 속에 묻힌 후 토양의 산성도와 미네랄의 구성 그리고 기후 등의 물리·화학적 요인들이 뼈에 영향을 끼친다. 뼈의 화석화는 실제 이 단계에서 일어나는 데 땅 속에서 물에 녹아 있는 미네랄 성분이 뼈의 구성 물질과 치환이 된다. 뼈의 미네랄 성분이 용해되어 나오고 뼈의 성분 중 하나인 수산인회석은 지하수에 녹아 있는 칼슘 카보나이트와 치환되는 데 이런 과정을 통칭 속성작용diagenesis라고 한다.

뼈에 화석화가 일어난 후에도 층위의 삭마작용과 햇빛에 노출이 되면 화석의 손상은 계속된다. 더불어 발굴 중이나 정리 과정에도 손상을 입으며 심지어 항온 항습 시설이 없는 보관시설에서도 손상을 입는다.

발굴과 분석기법

인류화석을 연구하는 학자가 먼저 해야 할 일은 바로 화석을 찾는 일이다. 화석을 통해 형태와 연관된 기능은 무잇인지, 그리고 진화가계는 어떠 지 등을 규명한다. 여기서는 화석을 야외와 실험실에서 다루는 기법에 관해 간단히 살펴본다.

야외 작업 : 야외에서 인류화석을 찾는 방법은 고고학에서 유물을 찾는 방법과 비슷하다. 화석을 포함하고 있는 유적지의 위치와 그리고 유적의 연대는 알고 그 장소를 발굴해야 한다. 이런 과정을 거쳐 발굴이 진행된다면 매우 이상적이지만 실제는 많은 지역에서 화석이 전혀 발굴되지 않는다. 다시 말해 학자들이 많은 노력을 기울임에도 화석을 찾지 못하는 경우가 대부분이다.

인류화석이 출토될 가능성이 있는 곳을 발굴할 때 과거에는 전통적인 방법으로 조사를 실시하였다. 최근에는 레이져나 위성기술을 이용하여 정확성을 높인다. 유적의 현장지도를 작성하고 발굴 계획을 세운 후 어느 지점이 화석출토 가능성이 높은 지를 가려 본다. 그러나 문제는 땅속에 무엇이 있는 지, 어느 지점이 가능한 가를 알기 어렵다는 점이다. 이런 문제를 해결하기위해서 발굴책임자는 먼저 땅 위 어디에 화석들이 집중적으로 분포하고 있는 지를 살펴보아야 한다. 한편으로는 가능성이 높은 지역에 시굴 구덩(트렌치)을 넣는 방법을 사용하여 층위구조를 살펴보는 것이 도움이 된다.

발굴 지점은 미터로 나누며(예 3x3m 또는 4x4m), 출토화석과 유물은 현장 조사일지에 좌표로 표시되어야 한다. 발굴 기법은 현장 상황에 따라 다르지만 일반적으로 끝이 뾰죽한 흙손을 사용하며 섬세한 작업 시에는 치과용 도구들을 사용하는 것이 좋다. 발굴 중 화석에 손상을 입힐 수 있다고 판단되면 나무로 만든 도구를 사용하는 것이 좋다. 처음 화석이 노출되면 페인트 붓 등을 이용하여 흙을 털어내어 완전히 노출시킨 후 수습해야 한다. 노출된 화석은 옮기기 전에 실측을 하고 사진을 찍고 크기를 잰다. 이 과정은 매우 중요한데 발굴 당시 화석의 형태는 남아 있는 데 이를 수습하는 과정에서 형태가 부서져 버리는 경우가 종종 있기 때문이다. 또한 화석의 크기와 방향 그리고 발굴지점의 위치 등이 현장에서 기록되어야 한다.

발굴된 화석을 옮길 때는 화석의 번호와 현장 기록 등이 함께 첨부되어야하며 화석이 출토된 지점의 토양들을 체질하여 화석 조각들이 있는 지를 확인해야 한다.

실험실 작업 : 발굴된 인류화석은 크기와 보존 상태에 따라 세척을 한 후 알맞은 상자에 정리되어야 한다. 화석에 관한 조사는 여러 방법으로 진행되는 데 먼저 계측 도구를 이용해 화석의 크기를 계측하고 뼈대 표면의 상태를 관찰하기위해 저배율(x40~x80)의 현미경을 사용한다. 경우에 따라 고배율의 SEM 현미경Scanning Electron Microscope이 사용된다. 이 현미경은 뼈대 표면에 남아 있을 지도 모르는 동물이나 사람이 남긴 흔적을 찾는 데 유용하다. 이 현미경을 전자빔을 장착한 미량분석장치Microprobe에 연결하면 뼈의 미네랄 구조를 밝히고 죽기 전에 진행된 물리적/화학적 변화를 관찰할 수 있다.

위에서 말한 방법들은 뼈를 부수지 않으면서 인류화석에 대한 정보를 얻는 데 유용하나 더 많은 정보를 얻기 위해서 뼈를 파손시켜야 하는 경우도 있다. 뼈의 성분 분석을 통해 당시 환경을 추론할 수 있는 데 즉 이빨 에나멜의 동위원소분석은 동물이 살아 있을 때 어떤 종류의 음식을 먹었는가를 알려주며 화석에 남아 있는 유기질에서 DNA를 추출하여 많은 정보를 얻을 수 있다. 최근 독일에서 출토된 네안데르탈사람 화석에서 핵산을 추출하여 이 옛인류가 현생인류와는 다른 종이라는 사실을 밝힌 것이 그 하나이다. 뿐만 아니라 핵산이 충분히 추출되면 동물과의 관계뿐만 아니라 성별과 질병 등도 밝혀낸다.

위에서 언급한 연구 이외에도 화석을 잘 보존하는 일이 중요하다. 박물관에는 수많은 화석들이 보관 되어 있는 데 미래의 연구자들의 연구를 위해, 그리고 앞으로 발굴될 화석들과의 비교연구를 위해 발굴된 화석들이 안전하게 보존되어야 할 시설들이 필히 요구된다.

환경의 복원

인류와 유인원의 화석은 진화가 언제, 어디서 일어났는지는 말해주지만 왜 일어났는지는 알려주지 않는다. 그러나 선사인류가 살았던 환경에 어떤 변화가 일어났는 지를 알 수 있다면 우리는 진화가 왜 일어 났는지에 대한 실마리를 찾을 수 있다.

과거의 환경은 고생태학 연구와 동물화석 및 기후의 변화 연구를 통해 복원된다.

고생태학 : 과거에 동물과 식물과 환경과의 상호 작용을 연구하는 학문이다. 동물들은 환경과 상

호작용을 한다. 이 때 환경에 의해 완전히 변하던지 아니면 어느 정도 변하며, 거기서 서식하는 동물과 식물은 생태계를 이룬다. 생태계는 역동적인 곳으로 광합작용을 통해서 자라는 식물은 동물뿐만 아니라 미생물에게도 에너지원이 되는 데 이런 과정은 매우 복잡하다. 따라서 화석인류와 유인원에 관한 생태계를 연구하면 동식물의 서식지와 환경과의 관계를 이해할 수 있다. 생태학자들이 현재의 생태를 다루는 반면에 고생태학자는 부분적인 화석기록을 통해 과거의 생태를 복원한다.

과거의 생태학적 복원은 과거와 현재의 생태계를 비교함으로 가능하다. 물론 과거의 생태계가 현재와는 같지 않으나 현재의 생태계를 연구하는 원리를 과거에 적용한다면 과거의 생태계를 이해할 수 있다는 뜻이다. 이때에 기본적인 원리는 생물체가 생태계에서 사는 서식지Niche에서 시작된다. 즉 생물체가 서식지에서 얻는 것은 무엇이고 서식지에 돌려주는 것은 무엇인지를 알아야 하나 실제로 화석으로부터는 이에 관한 정보를 얻을 수 없다. 따라서 이를 대체할 방법을 찾아야 한다.

과거의 식생은 때때로 화석 식물이나 꽃가루로부터 얻을 수 있다. 이럴 경우 식물들의 분류가 확실하지는 않으나 많은 식물들이 분류되어 식생의 구조를 알 수 있다.

또한 식물이 뿜어내는 탄소와 산소의 방사성원소를 관찰하는 것도 한 방법이다. 그러나 무엇보다도 인류화석이 출토되는 유적에 대한 식생을 연구할 때 가장 일반적인 고생태학적 방법은 동물들의 화석을 조사하는 것이다.

이렇게 과거의 생태계를 복원할 수 있을 때에만 과거와 현재 시점에서 인류의 자리가 생태계에서 어디쯤 있는 지를 가늠할 수 있다.

동물 화석과 환경복원 : 젖먹이동물 화석을 바탕으로 과거의 환경을 복원하는 전통적인 방법은 바로 동물화석이 어떤 동물인지를 분류하고 이와 가장 닮은 현생동물이 살고 있는 생태계를 비교하여 과거의 생태계를 복원하는 것이다. 그러나 유인원 같은 동물들은 생태적으로 보존력이 강하다. 따라서 전통적인 방법을 이용할 때의 문제는 이를 증명할 수 있는 증거가 별로 없다는 점이다. 최근에 기능에 초점을 둔 많은 새로운 방법들이 개발 되었는데 이를 통해 동물의 행위와 서식지에 적응하는 방법들이 복원되었다. 이런 방법들은 단일 동물군에 사는 동물들이 서식지에 적응하는 방법인 동물의 사회구조를 분석하면 알 수 있다.

동물의 턱과 이빨은 기본적으로 음식을 먹는 기능과 관련이 있으며 동물이 주로 먹는 음식의 크기와 형태에 따라 다르다. 동물의 화석에서 이빨의 형태를 분류할 수 있으며 이를 통해 턱의 형태와 음식과의 관계를 알 수 있다. 나아가 화석 동물이 어떤 음식을 먹었는지를 가늠할 수 있다; 이빨의 크기와 턱의 너비 및 마모정도를 살펴보면 나뭇잎을 먹는 초식성 동물의 이빨과 풀을 먹는 동물을 구분할 수 있다. 과일을 먹는 동물은 씹는 면이 편편한 낮은 어금니에 큰 앞니를 지니고 있고, 곤충을 주식으로 하는 동물은 굳세지 않은 턱에 뾰족한 도드리를 지니고 있다. 이렇게 한 지역에서 각기 다른 음식을 먹는 동물들의 이빨은 바로 그 지역에서 이빨이 보여주는 만큼의 식생이 있었다는 것을 뜻한다. 예를 들어 한 동물군에서 과일과 나뭇잎을 먹는 동물 화석이 많다면 그 지역은 나무가 많았다는 것을 보여준다. 이런 정보가 위도와 경도 같은 환경적인 요소와 결합되면 그 지역은 열대삼림지역이 있었다고 가늠된다.

사지뼈의 적응을 통한 방법도 위의 내용과 같다. 달리거나 깡충깡충 뛰거나 나무를 기어오르는 데 사용되는 사지뼈는 각기 다르며, 특히 땅을 파거나 헤엄을 치거나 날아다니는 기능에 따라 다른 모양을 보이며 몸의 크기에서도 차이가 난다. 이렇게 과일과 나뭇잎을 먹는 동물화석이 있다는 것은 나무가 많은 환경을 있었다는 것을 뜻하며, 나무를 기어오르기에 편리한 사지뼈를 지닌 동물화석과 땅위에서 사는 작은 동물과 나르는 동물화석이 함께 발견되는 것은 당시의 환경이 열대삼림 생태계였기 때문이다.

기후의 변화 : 태양으로부터 지구까지의 거리는 지구의 생명체의 삶과 진화에 절대적인 영향을 미친다. 태양은 지구 표면에 물이 존재하는 데 필요한 기후를 조절하는 역할을 한다. 그러나 지구는 태양계에서의 궤도와 위치가 일정하지 않아서 지구가 받는 태양열은 일정하지가 않다. 대기의 순환과 물의 양 또한 대륙의 위치와 산맥의 크기 등에 의해 변한다. 때때로 지구는 추워지기도 하는데 이때 빙하의 양이 증가하여 바닷물의 양이 감소하는 시기를 빙하기라고 한다.

지구 역사상 여러 차례의 빙하기가 있었다. 실제 20억 년 전에는 후로니안 빙하기Huronian Ice Age가 있었으며, 4억년 전에는 오르도비치안 빙하기Ordovician가 도래하였다. 인류가 경험한 빙하기는 적어도 2백만 년 전에 시작되었다. 지난 세기 초 알프스에서 발달한 빙하를 바탕으로 지구에는 4차례의 빙하기가 있었다고 생각되었으며 이를 바탕으로 유럽의 고고학 유적지와 인류화석이 출토된 유적의 연대가 가늠되었다. 그러나 오늘날 이 시기의 기후의 변화와 빙하기의 발달은 훨씬 더 복잡하다는 사실이 밝혀졌다.

오늘날 지구의 기후에 영향을 끼치는 중요 원인에 관한 연구는 밀란코비치Milutin Milankovich에 의해 제시되었다. 그는 지구 빙하의 발달과 퇴각은 3개의 주요 요인에 의해 일어난다는 사실을 밝혔다. 즉 지구의 궤도가 변하는 것과 지구 자전축의 기울기 및 일 년 중 지구가 태양에 가장 가까이 다가서는 것 등이 바로 그것이다. 이런 요인은 95,000년, 42,000년과 21,000년을 주기로 일어난다. 만일 이 세 개의 요인이 동시에 발생하면 지구의 기후는 아주 추운 빙하기로 접어들던지 아니면 간빙기가 도래한다. 그러나 대부분의 기간은 이들 사이에 자리한다. 지난 700,000년 중 가장 긴 사이클(95,000년)이 우세해 매 100,000년마다 주요 빙하기가 도래하였다. 현재의 기후는 간빙기에 속하지만 이는 지구 빙하의 역사에서 보면 예외적인 경우라 할 수 있다. 지난 500,000만 년 중 90%의 기간은 현재의 기후보다 추었다.

빙하가 발달하면 즉각적으로 주변 지역과 바다가 영향을 받는다. 빙하가 발달하면 남극과 북극에 빙하의 양이 증가하여 지구는 전체적으로 해수면이 100m 정도 하강한다. 이 시기에 영국은 불란서와 연륙되며 시실리는 이탈리아와 뉴기니아는 오스트렐리아 그리고 아시아 대륙은 알라스카와 육지로 연결된다. 또한 대기 중 수분의 양이 감소하기 때문에 빙하기마다 위도가 높은 지역에는 사막화가 진행된다.

한 예로 서부 유럽과 특히 영국에서는 기후에 극심한 변동이 일어나는 데 이는 서부 대서양 중간 지역에서 유럽으로 아열대의 바닷물을 전해주는 걸프 해류가 북대서양의 빙하기에 의해 영향을 받기 때문이다. 지난 10,000년 동안 빙하기의 최전방을 표시하는 극전선은 영국에서 북서쪽으로 멀리 떨어져 있다. 120,000만 년 전 걸프 해류가 영국 주위를 오늘날처럼 흘려가고 있었는데 수온은 오늘날보다 더 따뜻하였다. 빙하기가 최고로 발달하던 20,000년 전 극전선은 대서양을 건너 이베리아 반도까지 확장되었다. 북미대륙의 절반은 두터운 얼음으로 덮혀 있었으며 유럽 북서부 지역은 빙산이 발달하였다. 기후의 변화는 아주 빠르게 괄목할 정도로 진행되었는 데 빙하 얼음의 샘플과 바다속 퇴적, 그리고 호수 퇴적을 채취하여 연구하면 10년 단위로 지구 기후의 변화를 가늠할 수 있다. 밀란코비치의 주기는 멈추지 않았으며 지구의 온난화가 가속되면 안정된 간빙기의 기후는 얼마 지나지 않아 사라질지도 모른다.

동물의 기능

동물의 기능은 동물의 삶을 이해하는 데 도움이 되나 진화 관계를 보여주지는 않는다. 즉 동물들은 같은 기능을 가지면 같은 형태의 구조를 지니는데 이는 근사진화 또는 반복성의 결과로 박쥐와 새의 날개가 그 예이다.

찰스 다윈은 진화과정 중에 기본적인 변화의 방법으로 자연선택을 내세웠는데 이때 그는 막연하게 기능적인 특징에 관해서만 언급하였다. 기능이 없는 특징은 선택할 것이 없기 때문에 자연선택에 의해 퇴보되었다고 생각했다. 이런 다윈의 생각은 동물사이의 진화관계를 밝히는 데 유용한 분자 생물학에서 찾아진다. 즉 인간은 약 30 조의 유전자를 지니고 있는 데 이 중 10%만이 인간의 기능을 담당하고 있고 나머지 90%는 근본적으로 특성을 나타내지 않는다. 따라서 무작위로 일어난 돌연변이로 생긴 변화는 돌연변이의 비율에 따라 축적된다. 서로 연관이 있는 동물사이에서의 변화를 계산하고 돌연변이의 비율을 안다면 이들이 언제 공통조상으로부터 분화가 되었는지를 알 수 있다.

여기서는 인류가 속하고 있는 영장류가 지닌 기능에 관해 알아본다. 영장류의 차이는 걷기방법과 음식에서 구별된다. 대부분의 영장류는 나무에 매달려 살기에 알맞은 사지뼈를 지니고 있다. 나뭇가지를 잡기에 편리한 손과 발, 운동이 자유로운 어깨 구조와 엉덩뼈, 팔꿈치 및 입체적 시각은 나무 위에서 사는 영장류에게 필요한 기능이다. 이런 기능은 현재 살고 있는 대부분의 영장류가 지니고 있다. 땅위에서 사는 영장류는 나무 위에서 사는 영장류가 지닌 기능의 일부를 잃는 대신에 땅위에서 달리기에 좋은 긴 사지뼈를 발전시켰다. 깡충깡충 걷기방법은 몸집이 작은 영장류에서 보이는 데 이들은 길고 힘센 다리를 지니고 있다. 나뭇가지를 잡고 이동하는 걷기방법을 가진 일부 유인원은 길고 강한 팔을 지니고 있다. 화석 유인원의 경우 위에서 언급한 특징들을 통해 이들의 걷기방법을 가늠할 수 있다.

한편 영장류의 이빨과 턱의 형태를 통해 어떤 종류의 음식을 먹었는 지를 알 수 있다. 쥐원숭이와 부시 베비같이 식충류를 먹는 하등 영장류는 대개 뾰죽한 이빨 도드리를 지니고 있다. 초식성 영장류의 어금니의 씹는 면은 더 넓어졌으며 초식을 주로 하는 원숭이들은 이빨에 능선Ridge이 있고 잎사귀나 초식성 음식을 자르기에 편리한 긴 능선Crest를 지니고 있다. 일부는 거친 초식성 음식을 먹었는 데 이런 경우 이빨이 닳는 것을 막기 위해 두터운 치관을 지니고 있고, 거친 음식을 갈아먹기에 알맞은 복잡한 씹는 면을 지니고 있다. 과일을 주식으로 하는 영장류는 낮고 편편한 이빨 면을 지닌 반면, 단백질이 많은 과일을 먹는 영장류는 이빨에 걸리는 압박을 줄이기 위해 높은 치관과 두터운 에나멜에 굳센 턱을 지니고 있다. 화석유인원에서 이런 특징들이 관찰되면 어떤 종류의 음식을 먹었는지를 가늠 할 수 있다.

또한 이빨의 특징은 몸의 크기와 관련이 있다. 즉 식충류 영장류는 작은 몸집을 지니고 있고, 초식성 영장류는 일반적으로 커다란 몸집을 지니고 있으며, 과일을 먹는 영장류는 중간 크기의 몸집이다. 나무 위에서 사는 영장류는 몸이 작고 땅위에서 사는 영장류는 몸집이 큰 데 이런 형태적 특징은 환경과 관련이 있다.

실제로 기능적 특징을 통해 진화 관계를 유추하는 데는 많은 어려움이 있으나 개체가 성장 중에 발달하는 방법을 관찰하면 이를 해결 할 수 있다는 점을 염두에 두어야한다.

영 장 류

영장류의 정의와 분류

영장류는 크게 프로시미안Prosimian(Prosimii) 영장류와 앤스로포이드Anthropoids(Anthropoidea) 영장류로 구분한다. 이때 이들의 구분은 몸의 크기, 음식 및 행위 등을 기준으로 한다. 한편 안경원숭이 Tarsids가 어디에 속하는냐에 따라 하프로라이니Haplorhines(앤스로포이드에 안경원숭이 포함) 와 스트렙시라이니Strepsirhines(프로시미안에서 안경원숭이 제외)로 구분하는 방법도 있다.

살아있는 영장류의 경우는 쉽게 구분되지만 먼 옛날로 거슬러 올라 갈수록 오늘날의 영장류에서 보이는 특징들은 잘 관찰되지 않는다. 영장류의 가장 이른 조상은 신생대가 시작되는 약 6천5백만 년 전에 지구에 나타났다. 이후 오랜 시간에 걸쳐 영장류들은 환경에 적응하며 자신들의 해부학적 및 생리학적 특징을 발전시켰다.

영장류는 몸의 크기라든가 모습 및 행위 등에서 많은 다양성을 보여준다. 때문에 영장류라고 정의 하는 데 있어 가장 적절한 특징이 무엇인지는 명확하지 않다. 그럼에도 불구하고 영장류로 규정할 수 있는 해부학적 및 생리학적 특징이 찾아지는 데 이는 영장류가 나무위에서 살았기 때문이다.

오랜 시간에 걸쳐 환경에 적응하며 발전시킨 영장류의 일반적인 해부학적·생리학적 특징은 아래와 같다;

1. 영장류는 빗장뼈와 4개의 발가락 등 일반화된 뼈대를 지니고 있다.
2. 영장류는 물체를 움켜질 수 있는 손과 발을 지니고 있으며 이때 엄지 손가락과 엄지 발가락은 밖을 향하고 있으며, 손가락과 발가락의 손톱 끝이 편편하다.
3. 영장류는 발달된 시각과 후각을 지니고 있다. 따라서 눈은 상대적으로 커지고 눈둘레로 보호되고 있다. 동시에 주둥이는 줄어들고 눈은 정면을 향해 있어 미간이 좁아졌다.
4. 영장류는 다른 젖먹이동물에 비해 커다란 뇌를 지니고 있으며 뇌에서 시각을 담당하는 부위가 발달되어 있으나 냄새를 담당하는 부위는 퇴화하였다.
5. 영장류는 앞니, 송곳니, 옆니, 어금니 등 일반화된 이빨을 지니고 있으며, 영장류에 따라 꼬리가 있기도 하고 없기도 하며 팔과 다리의 길이 비율도 종에 따라 차이가 난다.
6. 영장류는 일정한 형태의 출산 행위를 보이는 데 적은 수의 새끼를 출산하여 이들을 키우는 데 많은 시간을 보낸다. 뿐만 아니라 '삶의 기간'이 다른 젖먹이동물에 비해 길다.

영장류의 이런 해부학적·생리학적 특징의 발달을 신경해부학자인 스미스G.E. Smith는 영장류의 조상이 나무위에서 살았기 때문이라는 가설을 내세웠다. 이를 '나무 위 생활 이론The Arboreal Theory'이라고 한다. 이에 반해 영장류학자인 카트밀Matt Cartmill은 영장류가 나무위에서 사냥을 했기 때문 이라는 '사냥을 위한 시각 발달이론The Visual Predation Theory'을 내세웠다. 카트밀에 따르면 이런 형태의 영장류는 이오세부터 나타났다고 한다.

오늘날 지구에서 살고 있는 영장류는 180여 종류 정도가 되는데, 대부분은 북위 25도와 남위 30도 사이의 열대 지방에 한정되어 살고 있다. 즉 이들 중 약 80% 정도가 남아메리카와 마다카스카르, 아프리카 및 유라시아의 열대 삼림지대에 걸쳐 살고 있으며, 일부는 사바나와 준 사막 지대에서 살고 있으나 오스트레일리아에서는 보이지 않는다.

표 5. 영장류의 분류

분류	시기	분포지역
영장류 Primates		
아목 앤스로포이대 Anthropoidae(Simii)		
하목 좁은코 원숭이 Catarrhine		
초과* 프로플리오피테쿠대		
Propliopithecoidea	올리고세	아프리카
호미노이대Hominoidea	마이오세—현재	전 세계
파라피테코이대Parapithecoidea	올리고세	아프리카
써코피테코이대Cercopithecoidea	이른 마이오세-현재	아프리카, 유럽, 아시아
하목 넓적코 원숭이 Platyrrhini		
초과 세보이대 Ceboidea	늦은 올리고세-현재	남아메리카
아목 프로시미 Prosimii		
하목 타르시폼즈 Tarsiiformes		
초과 타르시오이대 Tarsioidea	현재	아시아
초과* 오모마이오이대 Omomyoidea	이오세-올리고세	유럽, 북아메리카
하목 레므리폼즈 Lemuriformes		
초과* 아다포이대 Adapoidea	이른 이오세-늦은	아프리카, 유럽, 아시아
	마이오세	북아메리카
초과 로리소이대 Lorisoidea	이른 마이오세-현재	아프리카, 아시아
초과 레므로이대 Lemuroidea	플라이스토세-현재	마다카스카르
아목 프라에시미 Praesimii		
하목 투파이폼즈 Tupaiformes		
초과 투파이오이대 Tupaioidea	늦은 마이오세-현재	아시아
아목* 플레시아다피폼즈 Plesiadapiformes		
초과* 플레시아다포이대 Plesiadapoidea	가운 팔레오세-현재	북아메리카, 유럽
초과* 마이크로시오포이대 Microsyoidea	이른 팔레오세-늦은 이오세	북아메리카, 유럽

(깅거리치Gingerich, 1984에서 인용) * 현재 절멸 종임.

프로시미안 영장류는 학술용어인 프로시미의 일반적인 이름으로 '시미안(원숭이와 유인원) 이전'이란 뜻이다. 프로시미안은 원숭이와 유인원보다 더 원시적이며 이른시기의 영장류의 조상과 닮았다.

프로시미안 영장류는 야행성동물로 사람들이 접근하기 어려운 지역에서 살며 인류와는 닮은 점이 별로 없기 때문에 인류학자들은 이들에게 많은 관심을 보이지 않는다. 그러나 오늘날 살고 있는 프로시미안을 관찰해 보면 상당히 매력있는 동물임을 알 수 있는 데 이는 영장류 역사상 처음 3천만년 동안 살았던 영장류는 오직 프로시미안 뿐이기 때문이다.

오늘날 프로시미안 영장류 중 여우원숭이에 속하는 여우원숭이과와 다우벤토니과, 꼬리짧은 여우원숭이과는 아프리카의 마다카스카르 섬의 삼림지대에 살고 있으며 늘보원숭이는 아프리카와 동남아시아에서 살고 있고 안경원숭이는 동남아시아에서 살고 있다.

영장류 중 우리가 속한 앤스로포이드 영장류는 고등 영장류로 원숭이와 호미노이드(유인원과 인류)로 구성되어 있다. 앤스로포이드에 속하는 원숭이는 지구에 현재 133종이 살고 있다. 이들은 세비드과Cebidae, 칼리스리시드과Calithricidae(이상 신대륙원숭이) 그리고 짧은꼬리 원숭이과 Cercopithecidae(구대륙 원숭이) 원숭이들로 구분된다. 앤스로포이드 원숭이는 프로씨미안과는 다른 신체상 특징을 지니고 있다. 한편 호미노이드 영장류는 일반적으로 긴팔 원숭이과Hylobatidae (기본, 시아망)와 성성 원숭이과Pongidae(침팬지, 고릴라, 오랑우탄) 그리고 인류과Hominidae로 구분된다.

앤스로포이드는 프로시미안과는 다르게 주행성 동물로 이들은 프로시미안보다 더 넓게 퍼져 살았다. 앤스로포이드는 프로시미안보다 더 발달한 손과 시각을 지니고 있고 두뇌의 협력기능은 보다 더 발달했으며 프로시미안보다 더 긴 성장기간을 거치게 된다.

뼈대로 볼 때 앤스로포이드는 눈굼둘레뼈가 완전히 붙어 있어 프로시미안과는 다르게 눈알과 턱을 움직이는 힘살들이 서로 분리되어 있다. 또한 앤스로포이드의 아래턱은 프로시만과는 다르게 좌우가 서로 붙어있으며 팔다리뼈는 서로 비슷한 크기이다.

영장류의 기원과 진화 : 백악기 말부터 올리고세까지

영장류의 조상이 처음 출현하는 백악기 말의 지구 모습은 오늘날과는 매우 다르다. 아주 이른 백악기에 지구의 육지는 라우라시아Laurasia와 곤도와나랜드Gondowanaland로 이루어졌다. 당시 지구의 기후는 매우 온난했고 적도와 극지대의 기온은 차이가 별로 없었다. 일반적으로 '파충류의 시대Age of Reptile'로 알려진 이 시기에 꽃가루가 있는 식물Angiosperm이 나타나 꽃가루가 없는 식물Gymnosperm을 대신하였고, 곤충들이 다양하게 증가하였다. 이에 따라 백악기의 모든 젖먹이동물의 어금니는 곤충류를 씹기에 알맞은 형태로 발달하였다. 아마도 가장 이른 시기의 영장류가 곤충을 먹이로 하였으나 어금니의 에나멜이 낮고 도드리가 뭉뚝한 점으로 보아 과일이나 열매 또는 이와 비슷한 음식을 더 많이 먹었던 것으로 보인다.

영장류의 조상은 백악기의 식충류를 닮은 동물로부터 시작되었다. 공룡과 함께 살던 젖먹이동물로부터 진화한 최초의 영장류는 약 6천5백만 년 전 중생대 말인 백악기와 팔레오세 경계시기에 처음 나타났으며, 몇 천만년 동안에는 프로시미안 영장류만이 살았다.

최초의 영장류는 북미 대륙의 동 몬타나의 늦은 백악기 층에서 퓨가토리우스*Purgatorius*로 알려진 화석의 어금니가 발견된 것으로 시작된다. 퓨가토리우스는 당시에 살았던 유일한 식충류로 중기와 후기 팔레오세에 그 종류가 다양해지고 수적으로 번성하였다.

팔레오세 영장류는 그 종류가 다양함에도 불구하고 완전한 화석은 발견되지 않았지만 전체적으로 보아 오늘날 열대지역에서 사는 다람쥐를 닮았다. 이런 모습 때문에 팔레오세 영장류를 영장류로 분류하는 데 이의를 제기하는 학자도 있다. 그러나 귀의 구조와 어금니의 형태가 영장류로 구분하는 데 큰 문제가 없다는 주장이 우세하다. 북미대륙과 유럽에서 출토되는 다양한 팔레오세 영장류를 통털어 플레시아다피형Plesiadapiform의 영장류라고 한다.

이오세에 오면 기온은 점차 상승하고 최초로 짝굽 동물(우제류)과 홀굽 동물(기제류)이 출현한다. 이 시기에 플레시아다피형의 영장류는 그 수가 점점 줄어 들기 시작하고 이 시기에 살았던 영장류는 오모마이대*Omomydae*와 아다피대*Adapidae*의 2과로 대표되는 데 어느 면에서는 오늘날의 안경원숭이와 여우원숭이를 닮았다. 늦은 이오세 시기에는 미얀마에서 앰피피테쿠스 모가운갠시스*Amphipithecus mogaungensis*와 폰돈지아 코테리*Pondongia cotteri*로 알려진 앤스로포이드 영장류가 출현하였다.

이오세 말부터 떨어진 지구의 기온은 올리고세에도 계속되어 열대 삼림지대는 적도 부근으로 축소되면서 지구의 식생에 변화를 가져왔으며 앤스로포이드가 번성하였다. 이집트의 엘 파윰El Fayum에서 출토된 화석에 따르면 구대륙 원숭이와 신대륙 원숭이가 이 시기에 나타나기 시작하였음을 알 수 있다. 대표적인 앤스로포이드인 이집토피테쿠스 제시우스*Agyptopithecus zexius*가 이 시기에 먼저 아프리카에 출현하였으며 남아메리카에는 구대륙보다는 늦게 브라니셀라 볼리비아나*Branisella boliviana*로 알려진 앤스로포이드의 화석이 발견되었다.

남아메리카에서는 제 3기 이른시기에 영장류의 조상이 살지 않았으므로 이 대륙에서 살고있는 넓은코 원숭이는 다른 대륙에서 진화하여 늦은 이오세부터 늦은 올리고세 사이에 남아메리카로 이동하였을 것으로 학자들은 설명하고 있다.

표 6. 신생대의 구분

세 epoch	연대 (b.p; 백만 년)	주요 사건들
홀로세 Holocene	0.01–현재	농업과 산업의 발달, 우주 탐험
플라이스토세 Pleistocene	1.8–0.01	인류속의 진화
플라이오세 Pliocene	5–1.8	최초의 인류와 인류 속의 출현
마이오세 Miocene	22–5	유인원의 번성, 유인원과 호미니드 분화
올리고세 Oligocene	38–22	앤스로포이드의 번성
이오세 Eocene	55–38	원시적 프로시미안, 최초의 앤스로포이드
빨레오세 Paleocene	65–55	최초의 영장류?

마이오세 호미노이드 영장류

20세기 초까지 인류의 기원과 진화를 다룰 때는 주로 플라이오세와 플라이스토세에 살던 호미니드를 대상으로 하였다. 그러나 아프리카 유인원과 가장 이른 인류가 5~8백만년 전에 갈라졌으리라는 최근의 연구는 인류기원이 늦은 마이오세에 되었음을 밝혀주고 있으며 실제 가장 이른 시기의 인류화석인 사헬란스로푸스가 7백만년 전의 지층에서 출토되었다고 보고되고 있다. 따라서 인류기원의 역사에 관해 깊이 알기 위해서는 마이오세에 번성했던 호미노이드에 대한 연구가 중요하다. 왜냐하면 이 시기에 호미노이드가 가장 번성하고 그 종류가 다양했으며 인류의 기원은 이 시기에 살았던 어떤 무리로부터 시작되었기 때문이다.

마이오세는 약 2천4백만 년 전부터 5백만 년 전까지 거의 2천만 년 동안 계속됐다. 중기 마이오세에 이르면 이들이 살던 자연환경이 극적으로 변화하는데 인도대륙이 북상하여 아시아대륙과 충돌하여 히말라야 산맥과 티베트 고원을 형성한 것이 그 원인이다. 그 결과 지구에 계절성이 나타나 사계절이 생겨나고 식생이 변하였다. 이런 환경의 변화에 따라 원숭이들이 더 번성하기 시작하였고 호미노이드는 그 수가 줄어들기 시작하였다.

마이오세 호미노이드는 크게 세 개의 무리로 구분한다. 먼저 동아프리키와 유라시아 대륙에서 이른시기와 중기 마이오세에 살던 무리로 드리오모르프Dryomorphs가 있는 데 이들의 어금니는 얇은 사기질로 덮혀 있다. 두 번째 무리는 마이오세 중기에 동아프리카와 유라시아 대륙에 살던 라마모르프Ramamorphs로 두터워진 사기질의 어금니를 지니고 있다. 끝으로 유라시아에서 이른

시기와 중기의 호미노이드인 플라이오모르프Pliomorphs를 들 수 있는 데 이들은 옛모습을 많이 지니고 있다.

가장 이른 호미노이드 화석인 드리오모르프에 속하는 프로컨슬*Proconsul*은 동아프리카(북부 케냐)의 코루Koru와 송히루Songhir 그리고 루싱가Rusinga 섬의 늦은 올리고세와 이른 마이오세 층에서 발견되었다. 프로컨슬은 매우 이른 마이오세에 동아프리카에서 다양하게 번성한 드리오모르프에 속하는 호미노이드로 지금까지 프. 메이져*P. major*, 프. 니안져*P. nyanze*, 프. 아프리카누스, *P. africanus*, 프. 헤세로니 *P. heseloni* 등 4 종이 알려져 있다.

그림 3. 마이오세에 번성한 호미니노이드들

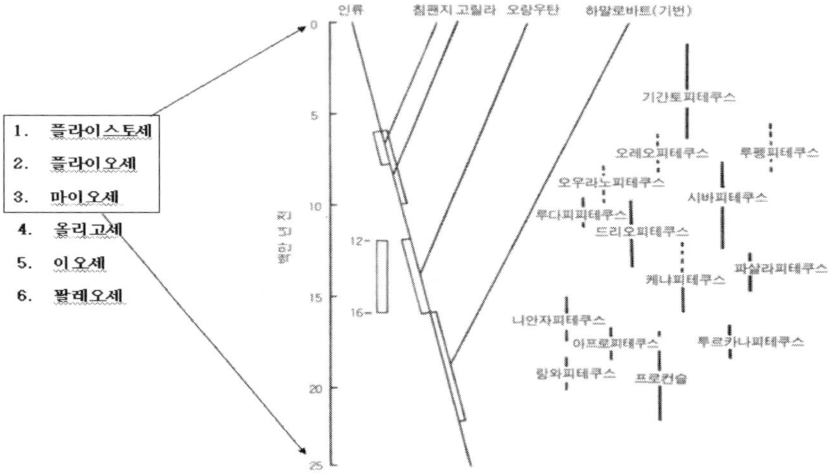

중기 마이오세에 오면 시바피테쿠스*Sivapithecus*로 알려진 호미노이드 화석의 대다수가 유라시아(스페인, 그리스, 헝가리, 터키, 인도, 파키스탄, 중국)에서 발견되었다. 금세기 중 가장 중요한 화석이 파키스탄과 인도의 접경지대인 시와리크 언덕에서 출토되었으며, 아프리카의 포트 테르난 Fort Ternan과 마보코Maboko 등 일부 유적지에서도 발견된 것으로 보고되고 있다. 이들은 라마모르프에 속하는 화석들이다. 그러나 이들의 정확한 수효와 진화계통 관계는 학계에서 계속 논쟁 중이다.

1970년 중반 이후 축적된 고인류학계와 분자생물학계의 연구 성과는 과거에 이루어진 마이오세 호미노이드의 분류가 지나치게 단순하다는 사실을 밝혀 주었다. 그동안 축적되어 온 분자생물학의 연구 성과와 가지치기 방법의 발달에 힘입어 마이오세 호미노이드의 가계는 새로이 구성되기 시작했다. 지금까지의 연구에 따르면 아프리카 유인원은 오랑우탄보다는 인류에 더 가깝고 인류와 아프리카 유인원은 이른 마이오세나 중기 마이오세가 아닌 늦은 마이오세에 갈라졌다는 사실이 밝혀졌다.

인류와 유인원의 공통조상? : 라마피테쿠스

마이오세가 끝나 갈 무렵은 영장류의 진화에 새로운 지평선이 열리는 시기로 평가된다. 마이오세에 번성했던 호미노이드 중의 하나가 다른 영장류들이 결코 적응하지 못했던 방법으로 아프리카와 아시아에 퍼져 나가기 시작한 것이다. 바로 이 적응의 시작이 영장류의 진화 역사 중 가장 불가사의한 인류 진화의 시작이다.

1970년대와 1980년대에 고인류학자들은 인류와 유인원의 공통조상이 마이오세 중기 전후인 1천5백 ~ 2천만년 전 사이에 살았을 것으로 가늠하였다. 이러한 가정은 1932년 당시 예일 대학교의 대학원생이었던 에드워드 루이스G. Edward Lewis가 인도 북서쪽에 자리한 시와리크Siwalik 언덕에서 발견한 이빨이 있는 작은 위턱 조각을 그 바탕으로 하고 있었다. 루이스는 이 화석을 라마피테쿠스*Ramapithecus*라고 이름을 지었는데 라마Rama는 인도의 '성스로운 신'을 뜻하며 피테쿠스Pithecus는 '유인원'이란 의미이므로 라마피테쿠스는 '성스로운 유인원'이란 뜻이다. 라마피테쿠스는 두터운 어금니의 구조와 짧은 얼굴 그리고 인류와 같은 이빨솟기 유형과 작은 송곳니를 지닌 것으로 보이며 잇몸은 한때 포물선형으로 복원되었다.

1970년대 초반까지 라마피테쿠스는 가장 이른시기 인류의 조상으로 자리하였으나 라마피테쿠스에 대한 격렬한 논란은 여전히 계속되었다. 이 화석에 관한 해석 중 가장 치명적인 약점은 부정확하게 복원된 위턱에 있었다. 턱이 제대로 복원되기 위해서는 턱의 가운데 부분이 있어야 하는데, 시와리크에서 출토된 화석은 바로 이 부분이 없었다. 후에 케냐 등지에서 발견된 같은 종류의 화석들의 턱 가운데 부분은 라마피테쿠스의 턱이 유인원처럼 'U'자형에 가깝다는 사실을 보여 주었다.

이후 라마피테쿠스가 출토된 파키스탄 유적에서 시바피테쿠스의 화석이 발견되었는데 이 화석 또한 두터운 사기질의 이빨을 지니고 있었다. 한때 라마피테쿠스는 암놈으로 시바피테쿠스는 수놈으로 알려지기도 했으나 이런 주장은 1981년에 와서 취소되었다. 하바드 대학교의 인류학자인 데이비드 필빔D. Pilbeam은 파키스탄에서 출토된 약 8백만 년 전의 시바피테쿠스의 머리뼈와 아래턱을 연구한 끝에 시바피테쿠스가 현재 살고 있는 오랑우탄과 놀라울 정도로 닮았다고 발표하였다. 이후 라마피테쿠스가 호미니드라는 주장에 결정적인 비판을 가한 것은 1960~70년대에 진행된 분자인류학의 연구 결과이다.

그림 4. 침팬지와 라마피테쿠스 및 인류의 턱 비교

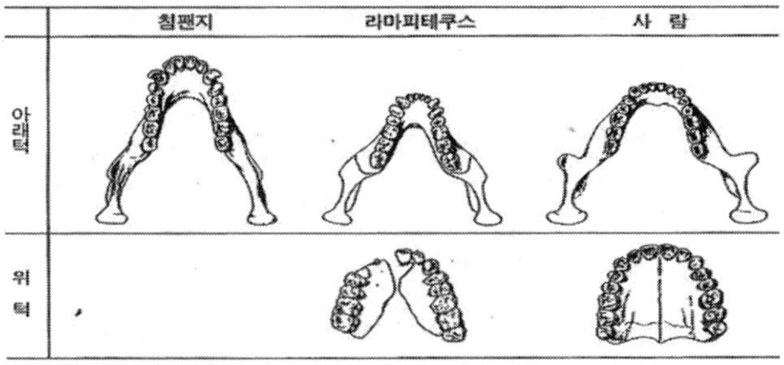

그림 5. 라마피테쿠스의 상상복원도

라마피테쿠스가 한때 이른 시기의 호미니드라고 생각된 적도 있었으나 이제는 호미니드의 자리에서 물러났다. 이는 인류의 기원에 관한 가설들이 새로운 화석의 발견과 연구에 의해 얼마든지 바뀔 수가 있다는 것을 보여 주는 좋은 예이다. 그러나 라마피테쿠스의 어떤 종이 여전히 사람의 조상일 수도 있으며, 동시에 유인원의 조상일 가능성도 가지고 있다. 왜냐하면 두 집단이 나타나기 이전에 라마피테쿠스가 이미 분화되었을 것으로 여겨지기 때문이다. 이 화석의 두터운 이빨 사기질과 작은 송곳니 등은 아마도 진화과정 중에 음식물에 대한 적응으로부터 시작되었다고 가늠된다.

Part 2. 인류의 출현 : 화석 증거들

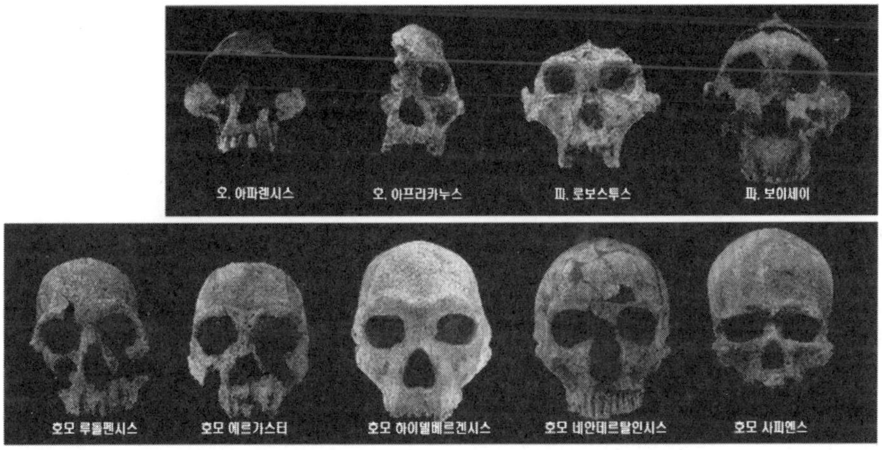

사진 2. 플라이오-플라이스토세 호미니드 화석들

유인원에서 인류로 : 기후의 변화

7백만년 전 가장 이른시기 호미니드인 사헬란스로푸스*Sahelanthropus*의 화석이 아프리카 중앙지대인 챠드의 사막지역에서 발견됨으로써 이른시기 호미니드의 생활 반경은 과거의 연구에 비해 더 멀리 펴져 있었던 것으로 보인다. 여기서는 유인원 사회에서 인류사회로 전환되는 시기의 자연환경과 인류의 진화과정을 살펴보자.

유인원으로부터 인류로의 전환은 7백만 년 전 아프리카 적도 부근에서 일어났으나 아프리카 유인원과 가장 이른시기 화석으로 알려진 사헬란스로포스의 공통조상에 대한 화석은 알려져 있지 않다. 그러나 오늘날 살고 있는 침팬지와 보노보를 통해 공통조상에 대해 유추 할 수 있다.

침팬지와 인류가 분화되기 이전에 갈라져 나간 고릴라는 침팬지를 닮았으며, 가장 이른시기 인류도 침팬지를 닮았는데 아프리카 동부지역과 서부지역에서 사는 침팬지들은 1.5백만 년 전에 분리가 일어났음에도 불구하고 생김새와 행위가 서로 닮았다는 점 등을 고려해 볼 때 아프리카 유인원과 인류의 공통조상은 침팬지를 닮았을 것으로 추측된다. 이런 점에서 침팬지는 새로운 환경에 적응하는 데 커다란 진화상 압박을 받지 않은 것으로 보인다. 아마 침팬지와 인류의 공통조상도 침팬지와 같은 환경조건, 즉 숲에서 살았을 것으로 보이며 인류는 침팬지와 다르게 숲을 떠나 사바나라는 환경에 살게 되면서 아주 다른 도전이 요구되었다.

침팬지와 인류의 공통조상 화석이 발견되지 않았어도 공통조상이 언제 살았는지는 유전학의 연구를 통해 유추할 수 있다. 유전학자들은 유인원들과 인류의 DNA를 비교하여 언제 이들 사이에서 분화가 일어났는지를 알려주는 데 지금까지의 연구에 따르면 8~5백만 년 전 사이에 분화가 일어났으며 현생 침팬지가 인류와 가장 가까운 영장류임을 보여준다.

지구 기후의 역사 또한 8~5백만 년 전에 침팬지와 인류가 분화되었다는 것을 아주 잘 보여준다. 지구의 기후는 1천만 년 전부터 5백만 년 전 사이에 차가워 졌는데 특히 7백만 년 전부터 5백만 년 전 사이에 가장 변화가 심했다. 거대한 빙하가 발달해 바다의 해수면이 낮아져 지중해는 메말랐고 아프리카 대륙에서는 수분이 감소되었다. 메마르고 추워진 기후 때문에 적도 삼림지대는 줄어들고 드문드문 삼림지대가 형성되었다. 이런 환경조건에서 나무와 나무사이의 간격은 넓어지고 삼림에서 살던 영장류는 많은 시간을 땅위에서 보내며 식육류에 노출되었다. 이런 조건에서 삼림에서 살던 많은 유인원들이 절멸했을 것으로 보인다.

이렇게 기후의 변화는 영장류의 삶에 절대적인 영향을 끼쳤으며 영장류의 집단 중에서 유전적으로 변이를 가진 영장류가 새로운 환경에 더 잘 적응하면서 자신의 유전인자를 다음 세대로 더 잘 전해 줄 수 있었다. 새로운 환경에 더 잘 적응하는 유전적 변이를 가진 세대는 시간이 흐르면서 본래 집단의 유전적 구조와는 다른 집단으로 변했다.

아프리카에서 가장 극심한 기후의 변화는 5백만 년 전에 일어났다. 이 시기에 침팬지와 인류의 진화에 극적인 변화가 진행되었다. 비록 이 시기에 속하는 중요한 화석 증거는 많지 않으나 유전학적 연구는 인류와 침팬지의 공통조상에 대한 설명을 가능하게 해주고 있다. 약 5만 내지 10만 마리의 임신이 가능한 침팬지를 닮은 공통조상인 영장류가 수놈들과 무리를 이루고 있었으며, 이들은 철저하게 자기가 속한 집단을 지키며 생활하였으며 각각의 집단은 암놈들을 위해 열매가 많은 나무를 중심으로 생활하였다.

침팬지를 닮은 수놈 유인원은 암놈보다 몸집이 더 크고 짝짓기 외에는 암놈과의 연대관계가 없었다. 수놈과 암놈은 각기 자신의 집단에 속해 있었고 암놈은 수놈의 보조적 역할에 불과했다. 수놈은 빈둥거리며 시간을 보내며 싸움이 없을 때 집단 내에서 서열을 정하거나 서로가 연합하는 행위로 시간을 보냈다.

5백만 년 전 아프리카의 동부 적도 부근에서 살았던 침팬지를 닮은 공통조상은 기후가 변하면서 그들이 살던 삼림지대가 줄어들었다. 공통조상이 먹던 과일도 줄어들었으며 이들은 다른 종류의 먹이를 찾아 더 많은 시간을 땅위에서 돌아다녀야 했다. 커다란 고양이과 동물들이 호시탐탐 이들을 노리고 있었다. 공통조상 유인원은 이런 새로운 환경에 적응해야 했으며, 적응을 잘 한 유인원이 더 많은 자식을 가질 수 있었다.

공통조상 유인원은 두 종류로 나눌 수 있는 데 한 종류는 나무에 잘 기어 오르는 놈들이다. 이들은 아마도 침팬지로 진화해 갔을 것이며 또 다른 종류는 새로운 환경에 적응한 놈들로 이들은 땅위에서 살기에 적합한 능력인 두발걷기를 갖게 되었다.

두발걷기는 바로 인류로 향한 첫 발걸음이었다. 두발로 서서 걷기위해 유인원에게 커다란 조절이 필요하지는 않았다. 이들은 나무에서 움직일 때 가지를 잡고 이동하거나 두 팔로 이동하였다. 이와 반대로 원숭이들은 나뭇가지 위에서 달리는 것을 더 좋아하며, 땅위에서 살게 되었을 때 네발로 걷는 방법을 택하였다.

침팬지는 땅위에서 손등으로 걷는다. 그렇다면 인류 쪽으로 진화해간 영장류는 왜 두발걷기를 택했을까? 두발걷기가 물건을 운반하는 데 더 효율적이라는 설명이 있으나 단지 두발걷기가 손등으로 걷기보다 효율적이라는 설명이 더 설득력이 있다. 같은 에너지를 사용할 때 침팬지는 하루에 10km를 손등으로 걷는 데 반해 인류는 18km 정도를 걷는다. 아마도 두발걷기가 돌아다니기에 더 좋은 방법이었을 것이며, 다른 이점이 있었다면 이는 부수적인 일이었을 것이다.

7백만 년 전의 사헬란스로푸스도 두 발로 걸었다고 생각되나 가장 대표적인 두발걷기는 4.4백만 년 전의 오스트랄로피테쿠스 화석에서 발견된다. 두발걷기를 극적으로 보여주는 장면은 이보다 1백 만년 후에 탄자니아의 라에톨리에서 발견되었다. 두발걷기를 하는, 아마도 아버지와 자식으로 생각되는 두 명이 근처에서 폭발하여 싸인 화산재 위로 약 50m 정도 걸어간 흔적이 그것이다. 다른 동물의 흔적도 같이 발견되었다. 또 다른 화산의 폭발에서 떨어진 화산재가 이 발자국을 덮어 보존하였는 데 바로 인류의 발자국이었다.

두 발로 걸었다는 점을 제외하고 오스트랄로피테쿠스는 유인원과 닮았다. 이들의 긴 팔은 나무위에서 이동하기에 편리하였고 두뇌는 침팬지보다 약간 더 크다. 뿐만 아니라 수놈이 암놈에 비해 훨씬 큰 몸집을 가졌다.

영장류 사회에서 커다란 수놈의 몸집은 암놈을 차지하기 위한 경쟁에서 보다 유리한데 특히 고릴라의 경우에 더욱 뚜렷하다. 수놈 침팬지의 몸집은 암놈에 비해 25% 정도 더 큰 데 반해 사람은 15% 정도 더 크다. 오스트랄로피테쿠스의 경우 수놈이 암놈보다 50% 정도 더 크다. 이런 점에서 오스트랄로피테쿠스의 사회는 침팬지의 사회에 더 가까우며 수놈 사이에 경쟁이 심하였고 수놈과 암놈이 각자의 사회조직을 지녔을 것이다. 오스트랄로피테쿠스가 살았던 2백만 년 동안 두발로 걷는다는 점을 제외하고 인류의 특징은 보이지 않는다. 또한 이들의 사회조직도 침팬지와 같은 구조를 지녔을 것으로 보인다.

3~2백만 년 전에 또다시 서늘하고 메마른 기후가 오랫동안 지속되며 아프리카의 삼림지대는 다시 줄어들었다. 많은 영장류들이 변한 환경에 적응하지 못하고 절멸하였다. 이렇게 변한 환경 때문에 오스트랄로피테쿠스는 새로운 식량을 얻도록 압력을 받게 되었다. 당시에 살던 오스트랄로피테쿠스의 치아를 현미경으로 분석한 연구에 따르면 2.5백만 년 전까지 살았던 종들은 대부분 채식을 했던 것으로 밝혀졌다. 이미 열린 삼림지대에 살던 오스트랄로피테쿠스는 2.5백만 년 전에 발생한 환경의 변화에 따라 두 방향으로 진화해 갔다. 그 중 하나는 굳센 형태의 오스트랄로피테쿠스(파란스로프스로도 알려짐)로 이들은 단단한 잎사귀를 먹을 수 있는 커다란 어금니를 발전시켰으며. 또 다른 종은 잎사귀를 먹는 것보다 본질적인 방법을 택하였다. 즉 이들은 두 손을 식육류처럼 사용한 것으로 보이며 작은 몸집에 커다란 두뇌는 더 많은 영양분을 필요로 하였다. 손쓴사람의 출현이 그것이다.

최초의 호미니드와 오스트랄로피테쿠스의 출현

가장 이른시기의 호미니드

현재까지 알려진 가장 이른 시기의 호미니드는 2002년 미셸 브르네Michel Brunet 등이 챠드의 토르스메날리에서 발굴한 사헤란스로푸스 챠덴시스*Sahelanthropus tchadensis*이다. 투마이Toumai라는 이름으로 알려진 이 화석 머리뼈는 6~7백만 년 전에 살았다고 알려져 있다. 이 시기는 인류와 침팬지가 공통조상으로부터 분화된 시기인 8~5백만 년 전에 가장 가까운 시기라는 점에서 중요한 의미가 있다. 뿐만 아니라 인류조상의 화석이 동아프리카가 아닌 중앙아프리카에서 발견되었다는 사실은 이른시기 인류가 아프리카 대륙에서 훨씬 넓은 지역에 퍼져 살았다는 증거로 인류의 요람이 중앙아프리기 일 수도 있다는 가능성을 보여준다. 이빨과 머리뼈는 인류에 더 가까운 특징을 지녔으며 두발걷기의 특징이 보인다고 보고되고 있다.

2000년 마틴 픽퍼드Mantin Pickford와 브리지트 세뉘Brigitte Senut는 케냐의 투겐 구릉지에서 6백만 년 전에 살았던 호미니드인 오로린 투게넨시스*Orrorin tugenensis*를 발굴하였다고 발표하였다. 밀레니엄맨으로 알려진 이 화석은 발견 당시 최초의 호미니드로 제시되었다. 동아프리카 케냐의 투겐층에서 발견되었는데 침팬지에 더 가까운 특징을 지니고 있어 가장 이른 시기의 인류화석으로 자리매김하기에는 더 많은 화석 증거가 필요하다.

아르디피테쿠스*Ardipithecus*는 5~4백만 년 전에 동아프리카에 살았던 호미니드로 유인원과 매우 닮았다. 1995년 발견 당시는 오스트랄로피테쿠스로 불렸다가 아르디피테쿠스로 다시 명명하였다. 모두 2 종의 화석이 알려져 있는데 팀 화이트 등이 찾은 아. 라미두스*A. ramidus*와 요하네스 하일레 셀라시에가 찾은 아. 카데바*A. kadebba*가 그것이다.

사진 3. 7백만년 전의 사헤란스로푸스의 얼굴

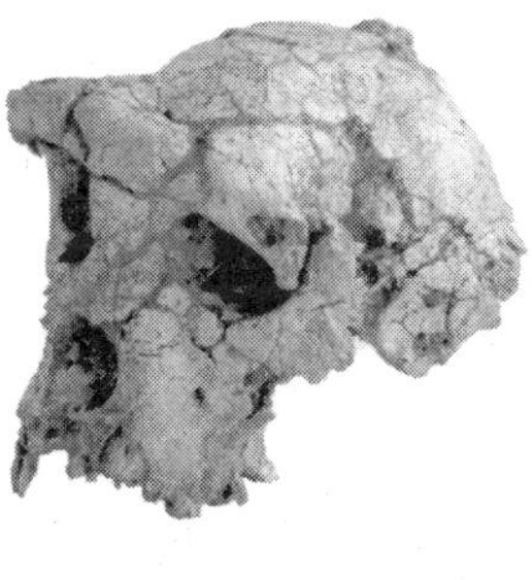

사진 4. 6백만년전의 오로린의 사지뼈

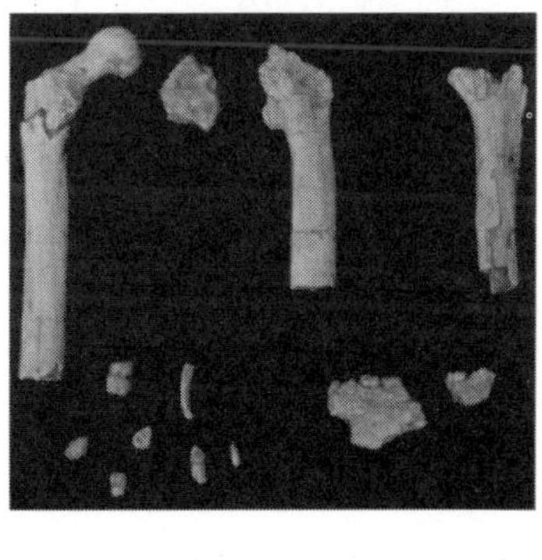

위에 소개한 가장 이른시기 호미니드 이외에 일반적으로 지금까지 가장 잘 알려진 이른시기 인류조상은 오스트랄로피테사인스Australopithecines(속 오스트랄로피테쿠스에 속하는 모든 화석을 말한다)이다. 4.4백만년 전의 오. 아나멘시스*A. anamensis*를 시작으로 오. 아파렌시스*A. afarensis*, 오. 바렐그하자리*A. bahrelghazali*, 오. 갈리*A. gahali*, 오.아프리카누스*A. africanus*가 알려져 있고, 늦은 오스트랄로피테쿠스로는 파란스로프스*Paranthropus*로도 불리우는 파(오). 이티오피쿠스*P(A). eathiopicus*, 파(오). 로부스투스*P(A). robustus* 그리고 파(오). 보이세이*P(A). boisei*가 보고되고 있다.

오스트랄로피테사인스의 출현

1925년 레이몬드 다트Raymond Dart 교수는 남아프리카의 타웅유적에서 출토된 어린아이 머리뼈 화석을 오스트랄로피테쿠스 아프리카누스*Australopithecus africanus*라는 새로운 호미니드 이름으로 발표하였다. 다트 교수가 이름 지은 오스트랄로피테쿠스는 라틴어와 그리스어가 복합된 말이다. 'Australo'는 라틴어로 '남방(쪽)의'란 뜻이며, 'pithecus'는 라틴화된 그리스어로 '유인원'이라는 의미로, 곧 '남방의 유인원'이라는 의미이다. 그러나 '사람-원숭이(man-ape)'라고도 불리는 이 화석은 남아프리카에만 한정되어 나타난 것이 아니며 또한 유인원만을 의미하는 것도 아니다. 오스트랄로피테쿠스는 바로 분류학상 속의 단계에서 호미니드를 나타내는 이름이다.

오스트랄로피테사인스는 주로 식물성 음식을 먹었는데, 특히 파. 로부스트스와 파. 이티오피쿠스 및 파. 보이세이 같이 굳세 보이는 오스트랄로피테사인스는 이런 특징을 뚜렷하게 보여 준다. 두터운 사기질의 옆니와 어금니, 두터운 아래턱 그리고 발달한 옆머리힘살과 이 힘살이 머리에 걸리는 가운마루Sagittal Crest의 발달 등이 그 특징이다.

이른 시기의 가냘퍼 보이는 형Gracile Form의 호미니드 얼굴은 앞으로 튀어나와 있으나, 늦은 시기의 굳세 보이는 형Robust Form의 화석은 편편한 접시 모양을 보이고 있다. 가날퍼 보이는 형으로는 오. 아나멘시스와 오. 아파렌시스, 그리고 오. 아프리카누스가 있으며, 굳세보이는 형으로는 파. 로보스투스, 파. 보이세이, 파. 이티오피쿠스가 있다. 늦은시기 호미니드의 경우 이빨은 앞니에 비해 옆니와 어금니가 크다. 머리뼈는 작으며 머리용량은 400~530cc 정도이고, 머리에 비해 상대적으로 얼굴이 크다. 머리뼈는 두껍고 위에서 보면 눈굼뒤줄임Postorbital Constriction이 뚜렷하게 있다. 머리뼈 가운데에 가운마루가 앞쪽에 발달해 있는데 특히 굳세 보이는 남성에서 잘 나타나 있다.

사지뼈는 별로 남아 있지 않으나 오스트랄로피테사인스는 1~1.5m의 키와 몸무게는 27~45kg 정도에 속했을 것으로 가늠된다. 남·여 사이에 심한 성적 차이Sexual Dimorphism를 보이고 있으며 남성이 여성보다 큰 몸집을 지니고 있다. 이른 호미니드들의 사지뼈와 엉덩뼈 및 등뼈들은 이들이 두 발로 걸어 다녔음을 보여 주나 일부 화석에서 보이는 긴 팔뼈와 휘어진 손가락과 발가락뼈들은 이들이 나무 위에서 살았을 가능성도 함께 보여 주고 있다.

표 7. 이른시기 인류화석이 발견된 유적들
(오 : 오스트랄로피테쿠스; 파 : 파란스로푸스)

인류화석의 이름	출토지	연대 mya	국 가
사헤란스로푸스 챠덴시스	사헬지역	7	챠드
오로린 투게넨시스	투겐층	6	케냐
아르디피테쿠스 카다바	미들 아와쉬	5.8	이티오피아
아르디피테쿠스 라미두스	아라미스	4.4	이티오피아
오. 아나멘시스	알리아만	4.1	케냐
오. 아나멘시스	카나포이	4.2–3.9	케냐
오. 아파렌시스	동투르카나	4.0+	케냐
오. 아파렌시스	바엘 가잘	4.0–3.0	챠드
오. 아파렌시스	페제즈	3.6+	이티오피아
오. 아파렌시스	라에톨리	3.8–3.6	탄자니아
오. 아파렌시스	하다	3.5–2.9	이티오피아
오. 아파렌시스	오모	3.0–2.6	이티오피아
오. 갈리	미들 아와쉬	2.5	이티오피아
오. 아프리카누스	마카판스카트	3.0?	남아연방
오. 아프리카누스	스테르크폰테인	3.0–2.5	남아연방
오. 아프리카누스	타웅	2.5?	남아연방
파(오). 이티오피쿠스	서 투르카나	2.5	케냐
파. 보이세이	오모	2.5–1.2	이티오피아
파. 로보스투스	크롬드라이	2.0?	남아연방
파. 보이세이	올드바이	1.8	탄자니아
파. 보이세이	바링고 호수	2.0–1.5	케냐
파. 보이세이	나트론 호수	1.5	탄자니아
파. 보이세이	동 투르카나	1.5	케냐

대부분의 이른 시기의 호미니드는 4.4백만 년 전부터 1백만 년 전 사이에 아프리카서 살았다. 이 시기는 지질학적으로 플라이오세(5~1.8백만 년 전)와 플라이스토세 (1.8~0.01백만 년 전)에 속하기 때문에 이 시기에 살았던 호미니드들을 플라이오-플라이토세 호미니드Plio-Pleistocene Hominids라고도 부른다.

오스트랄로피테사인스가 출토된 유적들

이른 시기의 오스트랄로피테사인스는 아프리카에서 남위 27도(타웅)부터 북위 11도 (하다)에 걸쳐서 살았는데 호미니드 화석은 크게 남아프리카와 동아프리카 지역에서 발견된다. 마이오세말 인류의 요람지로 알려진 이 지역의 모습은 어떠한 지 알아보자.

중동지역의 아키바만과 사해, 그리고 이 지역을 연결하는 골짝은 오늘날 요르단과 이스라엘의 국경선을 이루고 있는 데 이 지역은 얇은 지각들이 서로 맞닿아 있는 곳이다. 지구내부의 대류작용에 의해 지각에 변동이 생기면 지각이 맞닿은 부분이 움직여 벌어지는데 그 결과 지각이 맞닿는 부분에 거대한 골짝이 형성되며, 동시에 맞닿은 부분을 따라 활발한 화산활동이 생긴다. 아키바만과 사해는 바로 이런 지각운동에 의해 생긴 골짝의 일부분이다.

중동지역에서 발달한 골짝은 남쪽으로 향해 이어져 더 거대하고 오래된 골짝과 맞닿아 있다. 이 계속된 골짝 일부가 물에 잠겨 있는 데 아덴만과 홍해가 그것이다. 한편 아데만과 홍해가 갈라지는 곳에서 다른 갈래의 골짝이 이티오피아로 뻗어 나가는 데 이 부분은 물이 차 있지 않고 아프리카의 큰 골짝The Rift Valley을 이루고 있다. 이티오피아의 큰 골짝 안에는 강과 호수들이 형성되어 있으며 이 지역에서 강물이나 흐르는 물에 떨어진 것들이 호수로 흘러가 퇴적 되었다. 이런 작용은 수백만 년 동안 반복해서 진행되고 있는 데 이런 작용에 의해 화석들이 이 지역에서 퇴적되고 발견된다.

이티오피아의 아파Afar 삼각지역에서 시작된 아프리카 큰 골짝은 동아프리카를 지나 남쪽으로 수 천 킬로미터를 따라 이어져 있는 데 이 큰 골짝 안에서 이른 시기의 인류화석과 동물화석 및 인류조상의 흔적들이 발견된다. 동아프리카에서 인류화석은 남아프리카 유적과는 다르게 한데 유적으로 옛 호수나 강가 근처에 형성되었다. 화석들은 호수로 흘러들어가는 강물에 의해 호수가나 강기슭에서 발견되기 때문에 제자리가 아닌 곳에서 발견되거나 아니면 발견 전에 이미 노출된 것 들이다.

이 지역은 열대 내지 아열대 지역으로 과거에 생각했던 인류의 지역 분포보다 더 확장된 범위이다. 동아프리카 유적으로는 올드바이 골짝Olduvai Velly과 라에톨리Laetoli, 페닌지Peninji, 카나포이Kanapoi, 쿠비포라Koobi Fora, 오모강 골짝Omo Valley 하류, 서투르카나West Turkana, 하다 Hadar, 그리고 미들 아와쉬Middle Awash 등이 잘 알려진 유적이다. 유적의 연대는 화산폭발로 인해 생긴 화산재Tephra가 층위 속에 포함되어 있어 포타슘/아르곤 방법에 의해 가려진다. 또한 최근에는 중부 아프리카의 챠드Chad에서 오스트랄로피테사인스 화석이 출토되기도 한다.

오스트랄로피테사인스가 출토된 또 다른 지역은 남아프리카의 북부 케이프 주와 트란스발 지역의 동굴유적으로 모든 유적지는 각력암과 모래, 뻘 속에 있는 묻혀 있으며 발파를 하거나 굴착기를 이용하여 발굴을 한다. 동굴 안에 남겨진 동물화석들은 식육류가 가지고 들어 온 것으로 오스트랄로피테사인스의 행위를 알려 줄 수 있는 증거는 없다.

타웅Taung과 스테르크폰테인Sterkfontein, 스와르트크란스Swartkrans, 크롬드라이Kromdraii 그리고 마카판스가트Makapansgat 등이 잘 알려졌다. 남아프리카의 모든 유적지는 오르도비치안 시기에 형성된 돌로마이트 석회암 동굴유적으로 출토된 동물상을 절대연대 측정값을 가지고 있는 동아프리카 유적에서 출토된 동물상과 비교해서 연대를 결정한다.

이른시기 오스트랄로피테사인스 중 특히 카나포이(오. 아나멘시스)와 하다에서 출토된 호미니드 화석과 라에톨리 발자국(오. 아파렌시스)은 고인류학적으로 중요한 의미를 지니는데 이들은 우리에게 다음과 같은 점들을 시사해 준다;

첫째, 오. 아나멘시스와 오. 아파렌시스가 인류의 가장 이른 시기의 조상 중에 하나라면 이는 다윈이 말한「아프리카가 인류의 기원지」라는 가설이 옳다는 것을 증명해 준다. 찰스 다윈과 토마스 헉슬리를 포함한 학자들은 아프리카가 인류가 처음 시작된 곳일 가능성이 가장 높다고 하였다. 그러나 다윈의 아프리카가 인류의 기원지라는 설 대신에 아시아가 인류의 기원지로 각광을 받은 때도 있었다. 그러나 20세기 이후 많은 인류화석이 아프리카에서 발견되었고 인류의 먼 조상 중 하나인 오. 아나멘시스와 루시를 포함한 다른 오. 아파렌시스의 화석이 발견됨으로써 다윈과 다트 그리고 리키 등의 가설이 옳았음이 증명되었다.

그림 6. 이른시기 호미니드화석이 출토된 남아프리카 석회암동굴의 형성과정

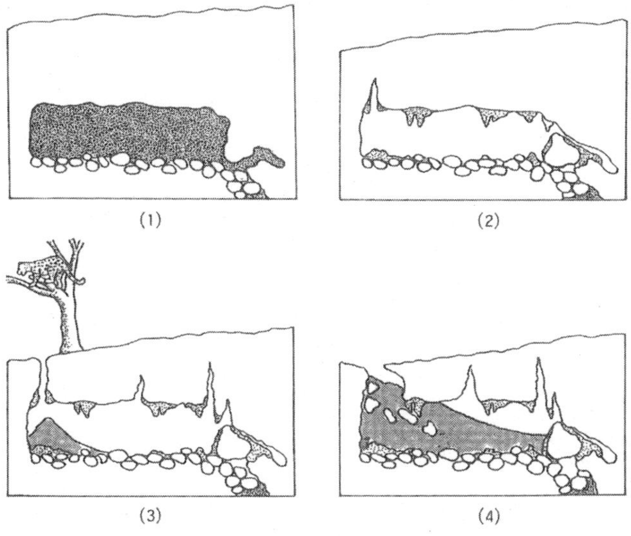

둘째, 하다에서 출토된 오. 아파렌시스인 루시와 라에톨리에서 발견된 발자국의 발견으로 스티븐 제이 굴드가 언급한 '큰 골 우선 가설'에 관한 검증이 이루어졌다. 다윈의 이론에 따르면 인류의 조상은 칼날 같은 송곳니가 줄어들면서 연모를 만들어 사용하게 되고, 두 손은 자유롭게 되었으며 따라서 두 발로 걷고 두뇌가 커지는 이점을 가져왔다고 생각하였다. 그러나 1924년 다트 교수가 타웅에서 어린아이의 화석을 찾은 이래 카나포이 화석과 라에톨리 발자국, 그리고 하다 등에서 발견된 화석은 호미니드가 인류처럼 사유할 수 있기 전, 즉 연모의 사용과 커다란 두뇌가 발달하기 이전에 이미 이들이 두 발로 걸을 수 있었다는 것을 보여 주고 있다.

오스트랄로피테사인스에 관한 여러 연구

1924년 레이몬드 다트가 남아프리카의 타웅에서 오스랄로피테쿠스 아프리카누스의 화석을 발견한 이래 남아프리카의 스테르크폰테인, 스와르트크란스, 마카판스가트, 및 크롬드라이 등에서 많은 오스트랄로피테쿠스의 화석이 발견되었다. 1950년대에 들어 인류 조상의 연구는 동아프리카로 옮겨졌다. 올드바이를 비롯하여 하다, 라에톨리, 오모, 카나포이, 투르카나 호수 주변 등지에서 많은 오스트랄로피테사인스의 화석이 발굴되었다. 이에 따라 오스트랄로피테사인스에 대한 연구가 활발히 진행되었다. 여기서는 지난 세기에 진행된 연구 중 가장 중요한 주제들에 관해 살펴 본다.

인류의 두발 걷기

20세기 초반에 고인류학계의 주요 연구 중의 하나는 가장 이른시기 호미니드가 두 발로 걸을 수 있었는지에 관한 것이다. 인류의 두발걷기Bipedalism는 인류의 조상이 나무 위의 생활에서 벗어나 땅위에 살면서 얻어진 걷기 방법인데 이를 증명해 줄 인류화석들이 발견되었다. 다트는 남아프리카의 타웅에서 출토된 머리뼈를 기술할 때 중추신경굼Foramen Magnum이 밑으로 향해 있다는 점을 들어 이 화석을 두 발로 걷던 인류의 조상으로 단정하였다. 그러나 두발걷기를 증명하려면 머리뼈와 더불어 엉덩뼈와 아래 사지뼈가 발견되어야만 한다.

두발걷기를 보여 주는 사지뼈는 오. 아나멘시스에서도 보이지만 가장 완벽한 경우는 동아프리카에서 출토된 오. 아파렌시스의 엉덩뼈와 사지뼈에서 찾을 수 있다. 이를 밝히는데 처음으로 발견된 오. 아파렌시스인 루시의 화석이 중요한 역할을 하였지만 나중에 하다 유적에서 발견된 아래 사지뼈들이 결정적으로 이를 뒷받침해 주었다.

오스트랄로피테쿠스 아파렌시스가 두발로 걸었다는 또 다른 증거는 1978년 탄자니아의 라에톨리에서 발견된 3.6백만 년 전에 남겨진 발자국 화석을 들 수 있다. 화산이 폭발하여 쌓인 화산재 위에 남겨진 50m 정도의 발자국 화석이 그것이다. 유적에서는 오직 오. 아파렌시스의 화석만이 발견되는 점으로 보아 이 발자국은 이들이 남긴 것으로 단정된다.

사진 5. 왼쪽 사진은 라에톨리에서 출토된 3.6백만 전의 발자욱이며, 오른쪽 그림은 당시의 모습을 복원한 것이다.

물론 오. 아파렌시스의 사지뼈는 오늘날 우리의 뼈대와 같지 않은 점이 많이 발견된다. 이렇게 오. 아파렌시스에서 두발로 걷기에 특수화된 특징과 원시적인 특징이 왜 함께 나타나는 지가 논쟁의 초점이다. 일단의 학자들은 오. 아파렌시스의 두발걷기 특징을 강조하여 이 호미니드는 나무 위에서 살지 않고 땅 위에서 두 발로 걷던 존재라고 결론지었다. 그리고 이들이 지닌 원시적인 특징은 나무 위에서 살던 조상으로부터 물려받았기 때문이라고 설명한다. 한편 다른 일단의 학자들은 오. 아파렌시스의 원시적 특징은 맹수로부터 피하기 위해 많은 시간을 나무 위에서 살았거나 아니면 밤에 나무 위에서 잠을 자기 때문에 생긴 것이라고 믿는다. 그러나 엉덩뼈와 무릎 그리고 발뼈의 해부학적 특징은 오. 아파렌시스가 나무를 기어오르는 행위보다 두 발로 걷기 때문에 지니게 된 것으로 보인다.

그림 7. 오른쪽은 현생인류의 허벅지뼈이며 왼쪽은 침팬지의 허벅지뼈이다. 가운데는 오. 아파렌시스의 것으로 현생인류와 닮았다.

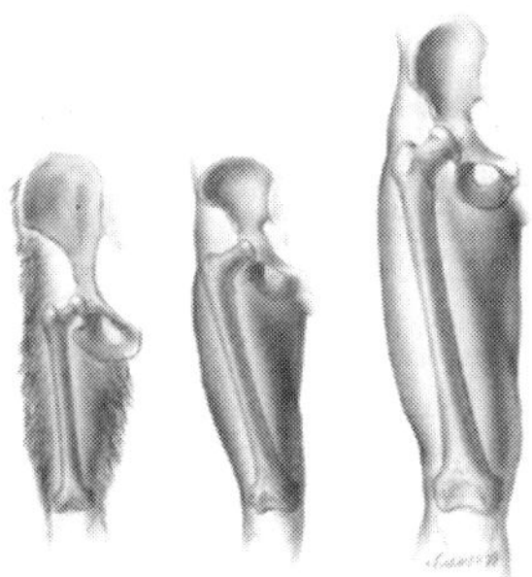

위에서 호미니드 화석을 통해 두발걷기의 증거를 살펴보았는데, 그러면 왜 인류는 두발로 걷게 되었을까 하는 질문이 제기된다. 두발걷기에 관해 인류가 연모를 사용하게 되면서 머리가 커졌고, 두 발로 걷게 되었다는 다윈의 피드백 가설은 오랫동안 학계를 지배한 전통적인 설명이었다. 반면 최근에 발견된 오. 아파렌시스의 화석을 조사한 일단의 학자들은 발로 걷게 된 후에 머리가 커졌다고 주장하였는데, 러브조이Owen Lovejoy의 '먹거리 획득Attraction Provisioning' 모델과 중기 마이오세 이후 변화된 자연환경에 적응하기 위해서 두발걷기로의 전환이 일어났다고 주장하는 로드만·맥켄리Peter Rodman & Henry McHenry의 모델이 그것이다. 이들의 가설은 최근에 출토된 화석과 지구환경의 변화를 바탕으로 성립되었는데 인구의 통계적 연구(데모그라피) 성과와 4백만 년 전에 살았던 호미니드의 화석자료에 근거하고 있다.

인류의 조상이 언제부터, 왜 두발로 걷게 되었는지를 설명하는 모델들을 살펴볼 때 무엇보다 중요한 것은 어떤 가설이 더 과학적인지를 검증할 수 있어야 하며 이 과학적인 설명은 증거에 의해서만 가능하다. 오늘날 우리는 인류의 기원에 관한 많은 증거들을 가지고 있다. 다윈은 작은 증거를 가지고 연모의 사용에서부터 시작되는 피드백 시나리오를 만들어냈다. 다윈의 가설은 당시의 증거만으로는 훌륭했으나 생리상이나 행위에 관한 연구가 이루어지지 않았으며, 그가 이용한 증거들은 고생물학상 자료의 부족으로 충분하지 못 하였다. 이와 동시에 그의 가설은 지난 세기에 발견된 오. 아파렌시스 등의 화석들에 의해 설득력을 잃게 되었다.

이런 점에서 러브조이와 로드만·멕켄리의 가설은 이를 검증할 수 있다는 점에서 매우 유용하다. 그러나 우리가 한 가지 염두에 두어야 할 점은 이들의 이론은 현대 사회가 아닌, 우리들로부터 아주 멀리 떨어진 몇 백만 년 전 일들에 응용된다는 점이다. 그들의 가설은 과거의 환경을 여러 각도에서 생각하게 하여 진화를 좀 더 종합된 방법으로 살펴볼 수 있게 한다. 이런 관점에서 볼 때 우리가 인류의 진화를 비교 영장류학에만 근거하여 연구하는 것은 지양해야 할 일이다.

성적차이

인류는 다른 젖먹이동물처럼 남녀 사이에 크기와 행위에서 차이를 보이는 데 이런 차이를 성적차이Sexual Dimorphism라고 한다. 일반적으로 동물의 경우 수놈이 암놈보다 몸이 큰 것은 짝짓기와 방어에 유리하기 때문이며 암놈은 새끼를 키우는데 필요한 에너지를 얻는데 작은 몸이 유리하기 때문이다.

아프리카에서 출토된 많은 호미니드 화석은 이빨과 턱, 그리고 뼈대에서도 분명히 성적차이를 보이고 있다. 이른 시기 오스트랄로피테사인스 중 몸의 크기가 잘 알려진 오. 아파렌시스 경우 남자는 여자보다 훨씬 무겁다. 오. 아파렌시스의 남성과 여성의 비율은 1.52로 오. 아프리카누스의 1.32보다 크다. 현대인은 1.22이며, 침팬지는 1.37, 오랑우탕은 2.03, 고릴라는 2.09의 비율을 보이는데, 오. 아파렌시스는 현대인과 침팬지보다는 큰 비율이지만 고릴라와 오랑우탄보다는 작다.

오. 아파렌시스가 왜 성적 차이를 보이는 지는 분명하지 않다. 그러나 이는 아마도 땅 위의 생활과 관계가 있는 것으로 오늘날 땅 위에서 사는 영장류가 뚜렷한 성적 차이를 보여 주는 것과 같은 것으로 가늠된다. 오. 아파렌시스에서 가장 두드러진 특징은 수놈의 송곳니의 크기가 줄어들고, 송곳니에서는 암수의 차이가 적다는 점이다.

수놈이 커다란 송곳니를 지닌 것은 수놈이 공격적이거나 수놈 사이의 경쟁 때문인데 오. 아파렌시스의 작은 송곳니는 아마도 수놈 사이의 공격적인 성향이 줄어든 까닭으로 가늠된다. 수놈 영장류의 또 다른 중요한 역할은 식육류를 물리치는 것인데 이른 시기 호니미드의 경우 커다란 송곳니가 없어져 수놈 사이에서 공격성이 줄어들었으며, 같은 지역에서 사는 식육류의 공격을 서로 협동하여 막았다. 이런 행위는 호미니드와 유전적으로 가까운 침팬지가 표범을 방어하는 데서도 찾아볼 수 있다.

하다와 라에톨리에서는 검치호 같은 커다란 식육류가 돌아다녔으며 오. 아파렌시스는 이들의 사냥감이었을 것이다. 또한 하다 지역은 오늘날 비비가 사는 장소와 같이 나무가 무성한 그런 환경이었는데, 여기서 식육류는 쉽게 오. 아파렌시스를 사냥할 수 있었을 것이다. 이런 환경 조건에서 살아남기 위해 이른 시기 호미니드는 커다란 몸집을 가진 수놈 사이의 협동이 요구되었다고 가늠된다. 이런 행위 모델이 설득력이 있기 위해서는 더 많은 증거가 필요하나 암수에 따른 성적 차이와 몸집, 송곳니의 크기 같은 해부학적 특징은 이른시기 호미니드의 행위를 이해하는 데 중요한 바탕이 된다.

오스트랄로피테사인스는 사냥꾼인가?

1947년 남아프리카의 트란스발 부근 마카판스가트 농장 근처의 동굴을 발굴한 다트는 여기서 출토된 동물들의 화석을 근거로 이른시기 인류는 동굴에서 살았으며, 그들은 '뼈·이빨·뿔의 문화 Osteodontokeratic Culture'의 기술을 가지고 있었던 사냥꾼이었다고 주장하였다. 다윈의 '피드백 이론'의 영향을 받은 다트는 이른 시기의 오스트랄로피테사인스는 이미 송곳니가 줄어들고 연모를 사용했다고 여겼으며, 인류가 진화해가는 중요한 원인은 바로 이 사냥행위에 의해서라고 믿었다.

이른 시기의 인류가 사냥을 했으며 식인풍습이 있었다는 가설의 또 다른 근거는 스와르트크란스 동굴에서 찾아졌다. 이 동굴에서 어린 오스트랄로피테쿠스 로부스트스의 윗머리뼈 부분에 두 개의 구멍이 나 있는 머리뼈 조각이 발견되었는데, 다트는 이 구멍들을 이른시기 인류가 행한 살인의 증거로 해석하였다. 더 나아가 다트는 오늘날 우리가 보는 '폭력과 연모의 사용'은 이미 이때부터 시작되었다고 주장하며, 오. 아프리카누스를 연모를 사용하는 식육류로 보았다.

다트의 견해는 1950~1970년대 사이에 유행하던 인류기원에 관한 해석인 '사냥이론'에 큰 영향을 미쳤다. 따라서 1960년대에 '인류는 사냥꾼Man the Hunter'이란 견해가 인류학계의 주제로 한때 유행했으며, 또한 '연모의 사용'이라는 그의 설명은 우리 조상을 진화의 길로 나아가게 한 요인으로 인식되어 한때 '인류는 연모를 만드는 존재Man the Tool Maker'라는 말로도 의미가 압축되었다.

남아프리카에 있는 동굴들은 석회암 지대에 자리하는데 동굴 안에서 발견된 동물의 뼈화석들은 석회암이 녹아 한데 엉켜 붙은 채로 발견된다. 다트는 인류의 행위에 의하지 않고는 그렇게 많은 수의 뼈들이 동굴 안에 남아 있을 수 없으며 인류를 제외한 어떤 동물도 뼈를 모으지 않는다고 단정하였다. 그러나 실제로 아프리카 사바나 지대에 사는 점박이 하이에나*Crocuta*는 뼈를 물고 들어와 자신들이 살고 있는 곳에 모은다. 그리고 모아진 뼈들은 다트가 동굴에서 관찰한 뼈화석처럼 깨어졌는데 이는 바로 하이에나 같은 식육류가 뼈들을 씹어서 생긴 결과였다.

1960년대에 브레인C.K. Brain은 스와르트크란스 동굴에서 발견된 머리뼈에 뚫려 있는 구멍들과 표범의 아래 송곳니가 일치한다는 사실에 주목하였다. 브레인은 남아프리카의 석회암 지대에 발달한 수직 동굴의 형성과정을 연구한 끝에 동물화석들이 왜 동굴에서 퇴적되어 발견되는지를 밝혀냈다. 그의 연구에 의하면 이 지역에서 사는 표범Leopard은 가끔 그들의 먹이를 하이에나로부터 지키기 위해서 동굴 입구에 자라고 있는 나무 위로 가지고 올라간다.

시간이 지나 먹이가 부패하면 뼈들은 땅으로 떨어져서 동굴 안으로 쓸려 들어가며 동굴바닥에 쌓인 뼈들은 동굴 벽과 천장에서 떨어져 나간 바위부스러기와 밖에서 흘러 들어온 흙과 뒤섞였다. 수백만 년의 세월이 지나면서 안에 뼈가 묻힌 채로 엉킨 석회암 엉킴 바위Breccia가 되었다. 이것을 바로 다트가 발굴한 것이다.

최근에 올두바이 유적을 연구한 루이스 빈포드L. Binford의 연구에 의하면 이제 이른 시기의 호미니드는 더 이상 사냥꾼도 아니고 식육류가 먹다 남긴 음식을 주워 먹던 그런 존재Sacvenger였다. 사냥은 훨씬 후에 늦은 호모 단계에서 나타나는 행위로 알려져 있다.

그림 8. 아래 그림 왼쪽은 남아프리카에서 사는 표범인 레오파드가 오. 로부스트스의 어린 아이를 물고 동굴입구로 가는 모습이며, 오른쪽 그림(사진 6)은 로부스트스 앞머리뼈에 생긴 구멍이 표범 송곳니와 일치하는 것을 보여준다.

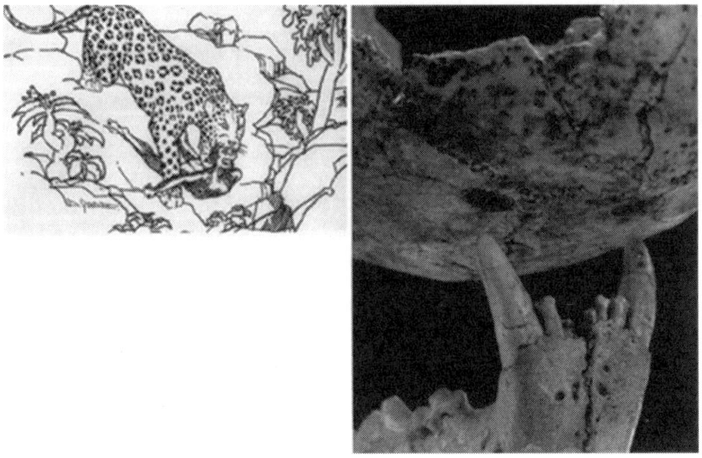

인류의 진화가계도

1920년대부터 제시된 인류의 진화에 관한 가설은 1970년대 이후부터 1990년대 중반까지 다양한 이론들이 제시되었다. 1990년대 중반에 베르나르드 우드Bernardo Wood와 2000년 후반에 이안 터트셀Ian Taterrsell을 포함한 일단의 고인류학자들은 전통적인 인류의 진화가계도Phylogeny of Humankind와는 다른 새로운 가설을 발표하였는데, 이 책에서는 이런 복잡한 호미니드에 대한 새로운 연구에 따라 새로운 인류의 진화가계도를 따르고 있다.

최근에 인류와 침팬지의 공통조상으로부터 분화된 시기에 가장 가까운 연대를 지닌 사헬란스로프스와 아르디피테쿠스 및 오. 아나멘시스의 화석이 발견되어 인류의 기원을 밝히는 실마리를 제공하였다. 한편 오스트랄로피테사인스 화석들 사이의 관계 및 이들과 호모 속의 화석들 사이에 진화적 관계와 생태학적 관계에 대해 논쟁이 활발하게 진행되고 있다. 오스트랄로피테사인스 중에서도 '가냘퍼 보이는 형Gracile Form'과 '굳세 보이는 형Robust Form'으로 나누어지는 기준과 이들의 진화과정 중 역할에 관해서도 각기 다른 설명이 제시되고 있다. 특히 오스랄로피테쿠스 아프리카누스의 진화자리가 논쟁으로 이 종을 호모의 조상으로 인정할 것인지가 논쟁의 초점이다.

호모에서의 문제는 손쓴사람과 곧선사람의 진화자리에 관한 것이다. 2.5백만 년 전부터 1.5백만 년 전까지 아프리카에는 4종의 호모가 함께 살았던 것으로 알려졌다. 과거의 단선적인 가설에서 이제 인류는 관목과 같은 형태로 진화했다는 것이 학계의 일반적인 설명이다. 손쓴사람 대신에 호모 루돌펜시스가 그 자리를 대신하여 일하는 사람인 호모 에르가스터로 진화했으며 호모 루돌펜시스가 호모 에르가스터와 곧선사람의 공통조상이라는 주장이 더 설득력이 있다. 한편 일하는 사람의 후손인 호모 하이델베르겐시스는 네안데르탈 사람과 슬기사람의 공통조상이 되며 네안데르탈 사람은 독립된 종인 호모 네안데르탈렌시스로 구분해야 하고, 네안데르탈 사람은 슬기사람에게 유전인자를 전하지 못했다는 주장이 더 지지를 받고 있다.

그림 10, 11, 12에서 설명한 인류의 진화가계도가 1990년대 중반부터 고인류학계에서 새로이 제시된 가설로 7백만 년 전의 호미니드로부터 오스트랄로피테사인스와 호모를 거쳐 우리 자신인 슬기사람까지 진화해 온 과정을 보여 준다. 그렇다면 과연 앞으로도 우리에게 분화가 더 일어나 호모 컴퓨터렌시스*Homo computerensis* 같은 종으로 진화해 갈 것인가 하는 문제가 제기된다. 그러나 오늘날 인류가 살고 있는 환경은 진화과정 중 분화를 일으킬 조건이 아니기 때문에 새로운 종으로 진화할 가능성이 적다고 추측된다. 왜냐하면 오늘날 인류는 더 이상 지구에서 재생산이란 측면에서 고립되지 않으며 집단 내에서 분화를 일으키기에 충분한 필요조건이 없기 때문이다. 대신에 인류는 교통수단의 발달로 지구촌에서의 교류가 아주 활발하여 고립된 상황은 일어날 수가 없다. 인류 집단에서 분화가 일어나기 위해서는 고립된 집단이 요구되는데 만일 우주에 식민지를 건설하는 경우가 생긴다면 가능할 수도 있을 것으로 우주에 정착한 인류가 아주 오랫동안 고립된다면 새로운 종류의 인류가 출현할 가능성도 있을 것이다.

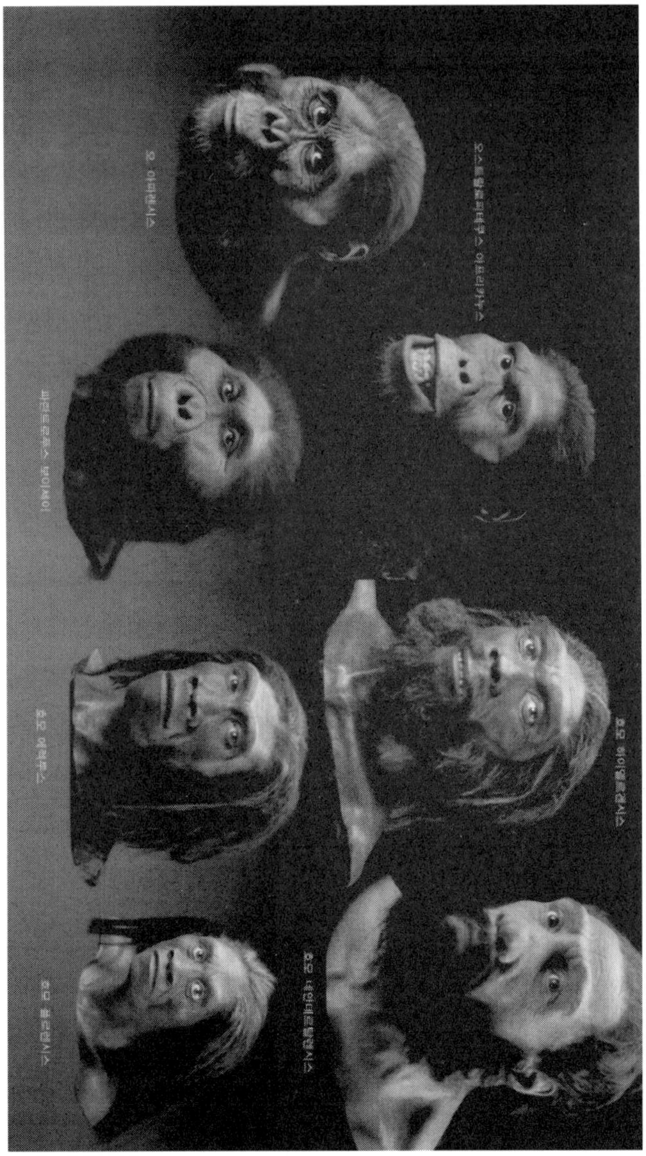

그림9. 복원된 인류화석 (리차드 포츠 & 크리스토퍼 스로안 2010)

그림 10. 1990년 중반에 베르나르드 우드에 의해 제시된 인류의 진화가계도이다. 오. 아프리카누스가 호모의 조상으로 자리하고 있으며 손쓴사람과 곧선사람은 인류의 직접조상에서 벗어나 있다.

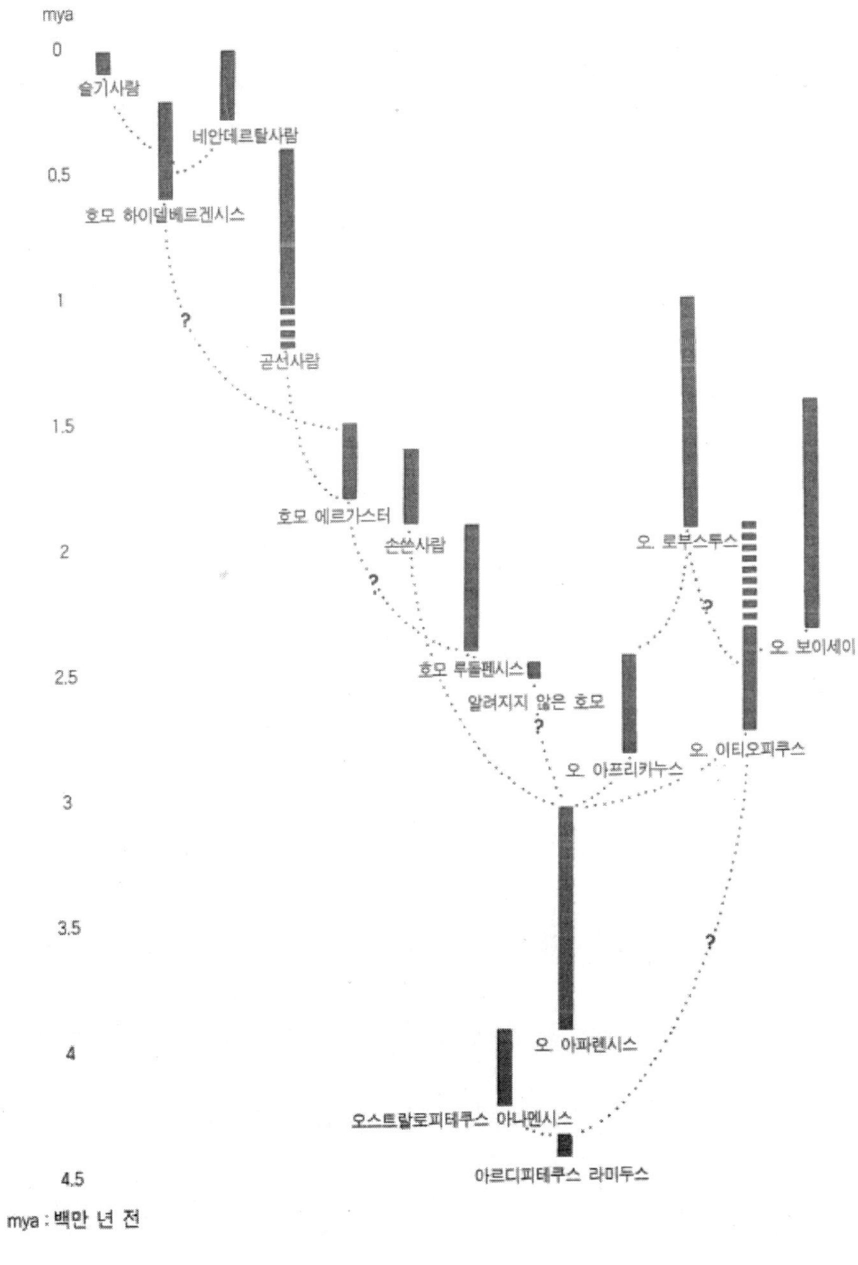

그림 11. 2009년 이안 터트셀이 제시한 인류진화가계도로 오. 아프리카누스는 호모만의 조상으로 자리하고 있다. 가장 이른시기 호미니드와 오스트랄로피테쿠스와의 관계는 미정으로 남겨두고 있으며 루돌펜시스는 다른 속에 속하는 호미니드로 분류하고 있다.

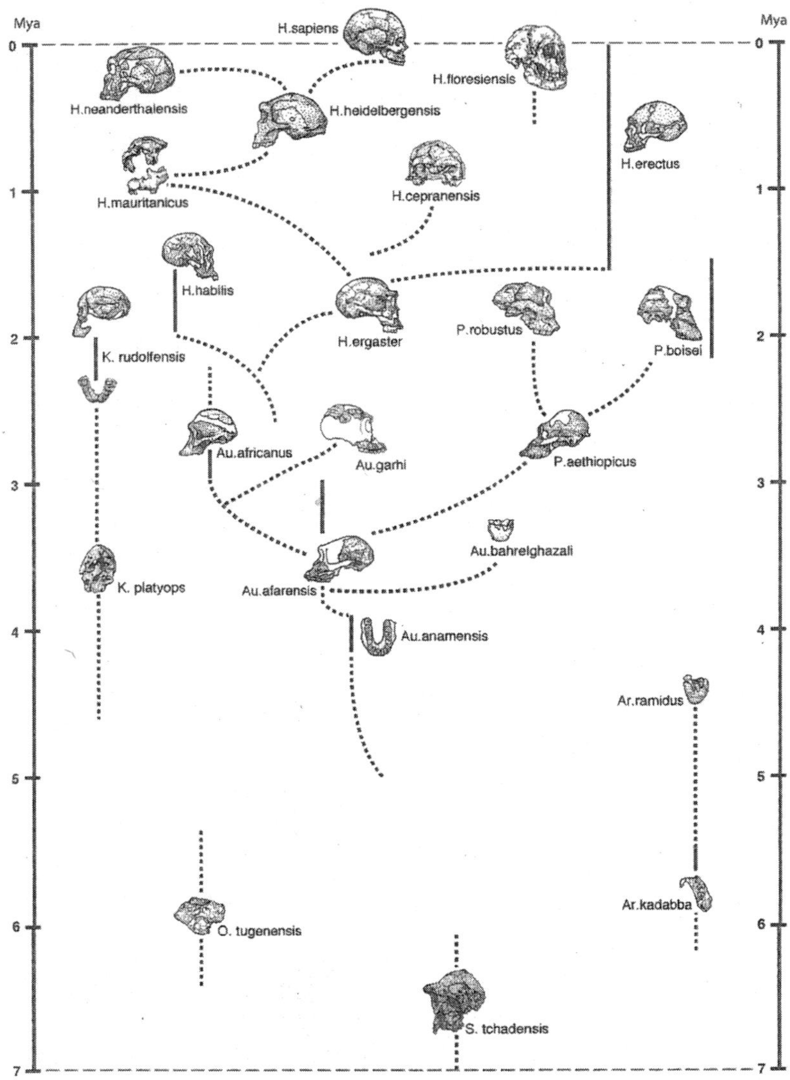

그림 12. 리챠드 포츠와 크리스토퍼 스로안(2010)에 의해 제시된 인류진화가계도로 인류의 진화과정을 관목에 비유하여 네 개의 주요 무리로 나누고 있다.

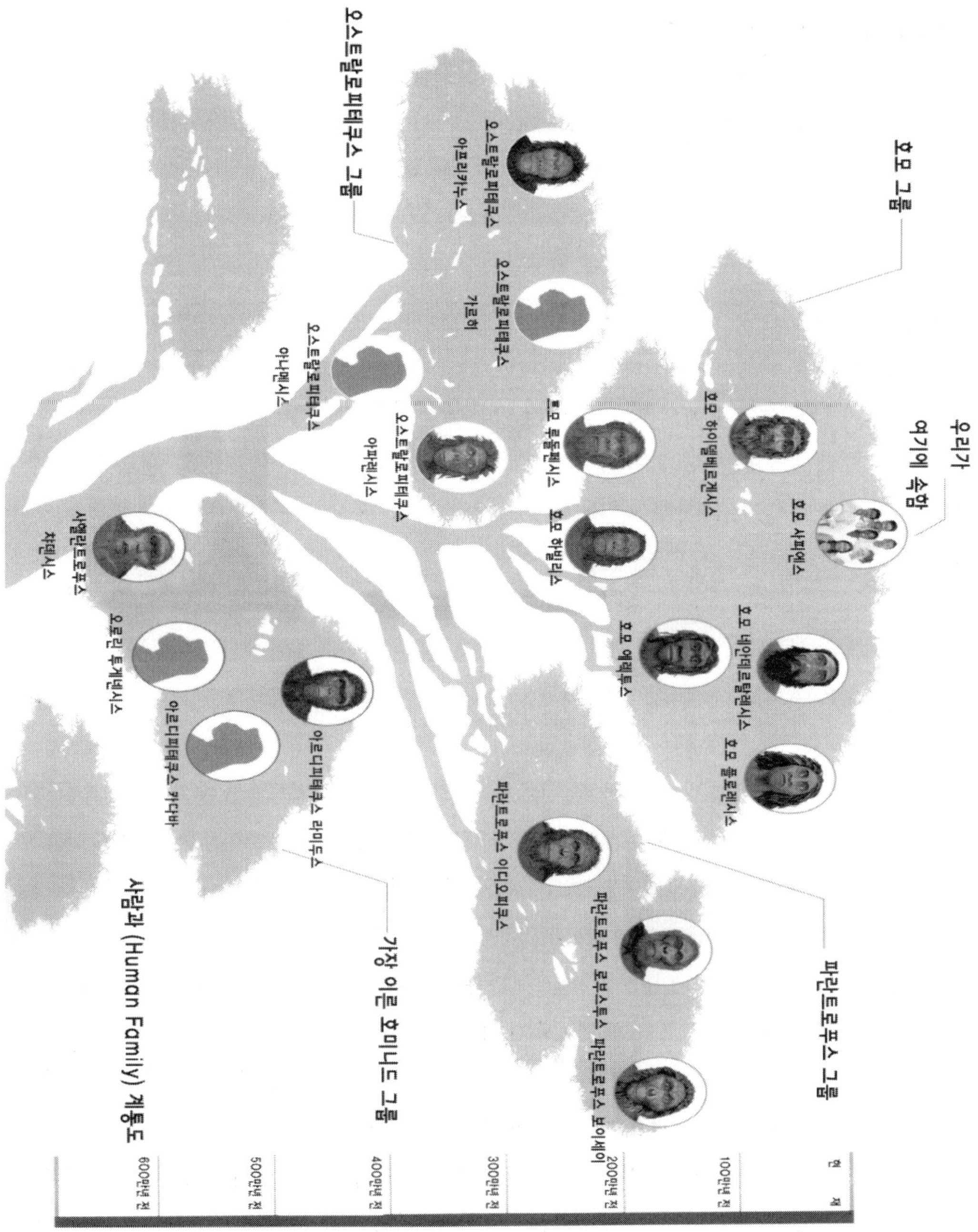

이른시기 인류(호모)의 출현

인류과Hominidae를 구성하는 속 호모Genus '*Homo*'는 1758년 린네가 자신의 분류체계에서 살아 있는 인류를 분류하기 위해 처음으로 사용하였다. 린네의 연구 이후 지금까지 호모 속의 종들은 모두 8 종으로 알려졌는데 그 중 이른시기 호모는 호모 루돌펜시스*Homo rudolfensis*, 호모 하빌리스(손쓴사람)*Homo habilis*, 호모 에르가스터(일하는 사람)*Homo ergaster*, 호모 에렉투스(곧선사람)*Homo erectus*, 호모 안티세서*Homo antecessor*, 호모 하이델베르겐시스(옛슬기사람)*Homo heidelbergensis*이다.

호모의 진화과정은 매우 복잡한데 특히 가장 이른 시기의 호모에 관해서는 과거의 간단하고 단선적인 가설에 비해 많은 이견이 있다. 2.5백만 년 전부터 1.5백만 년 전 사이에 아프리카에서는 호모 루돌펜시스와 손쓴사람인 호모 하빌리스, 일하는 사람인 호모 에르가스터 그리고 곧선사람인 호모 에렉투스 등 4종의 호모가 함께 살고 있었다. 최근 손쓴사람이라고 알려진 화석의 연구에 따르면 기존의 손쓴사람은 두 종의 호모로 나누어지는데 올드바이에서 출토된 화석은 손쓴사람 뿐이고 쿠비포라에서 출토된 화석들은 적어도 두 종의 호모, 즉 기존의 손쓴사람과 호모 루돌펜시스로 나누어진다.

손쓴사람 *Homo habilis*의 출현

3백만 년 전부터 2백만 년 전 사이에 지구의 기후가 크게 변하였다. 특히 아프리카의 경우 차고 메마른 기후가 오랫동안 지속되면서 아프리카의 삼림지대는 더 줄어들었으며 많은 동물들이 변하는 환경에 적응하지 못해 절멸하였다. 오스트랄로피테사인스도 변한 환경에 적응할 필요가 생겼는데 이는 새로운 음식 자원이 필요했기 때문이다. 오스트랄로피테사인스의 치아에 대한 현미경 분석에 따르면 2.5백만 년 전까지 이들 대부분은 초식성이었다. 기후의 변화에 따라 환경이 변하면서 열린 삼림지대에 살던 오스트랄로피테사인스는 환경의 변화에 맞추어 두 방향으로 진화해 갔다. 그 중 하나는 강건한 형태의 오스트랄로피테사인스로 이들은 단단한 잎사귀를 먹을 수 있는 커다란 어금니를 발전시켰으며. 다른 방향은 잎사귀를 먹는 것보다 본질적인 방법을 택하였다. 즉 새로운 종의 출현으로 이들은 두 손을 식육류처럼 사용한 것으로 보인다. 작은 몸집은 동물성 음식을 소화시키기에 충분한 소화기 구조를 지녔으며 커다란 두뇌는 더 많은 영양분을 필요로 하였다. 2.5백만 년 전에 출현한 손쓴사람이 이들로 인류 역사상 처음으로 호모가 인류의 역사에 등장하였다.

호모라는 명칭을 처음 얻은 손쓴사람은 여전히 유인원 같은 몸집에, 나무위에서 살았지만 새로운 환경에 적응하였다. 2.5백만 년 전에 살던 오스트랄로피테사인스의 두뇌는 침팬지보다는 크지만 손쓴사람의 두뇌는 더 커졌다. 침팬지의 두뇌 크기는 400cc정도이고, 오스트랄로피테사인스의 두뇌는 400~500cc 정도이며 손쓴사람은 600~800cc에 달한다.

손쓴사람에 대해 말할 때 중요한 것은 왜 큰 머리를 갖게 되었는가 보다는 어떻게 큰 머리를 갖게 되었는 지를 설명하는 것이 더 타당하다. 동물의 경우 근육과 치아는 생존경쟁을 위해서 필요한 요소인데 두뇌세포가 이를 관장한다. 두뇌세포는 글루코즈와 산소를 필요로 하는 데 현생인의 두뇌는 몸무게의 3% 정도이나 두뇌는 몸의 신진대사에 필요한 에너지의 20% 정도를 필요로 한다. 두뇌는 그 기능을 유지하기위해서 식물성 음식보다는 동물성 음식 등에서 얻어지는 아주 양질의 영양을 필요로 한다. 이 때 식물성 음식을 먹을 때보다 동물성 음식을 먹는 경우에는 턱과 치아에 가해지는 힘이 덜 들어간다. 따라서 작은 치아를 가진 손쓴사람은 동물성 음식을 먹었다.

사진 6. 루이스 리키와 손쓴사람의 화석.
1964년「*Nature*」에 실렸던 것으로 새로운 호니미드의 발견을 소개하고 있다.

이와 함께 2.5백만 년 전에 손쓴사람은 인류 역사상 최초로 돌연모를 사용하였다. 이들은 연모를 만들고 사용하면서 치아가 작아지고 두뇌에 필요한 영양을 공급할 수 있었다. 연모가 커다란 치아를 대신하였으며 연모를 사용하여 사냥을 하거나 주어먹기에 이용하였다. 또한 영양이 풍부한 음식은 두뇌의 인지능력을 키우는데 도움이 되었다. 고인류학자들은 어떤 특별한 환경이 커다란 머리에 이로운지를 아직 설명하지 못하고 있다. 그러나 손쓴사람의 커다란 두뇌는 바로 증가하는 사회적 복잡성 때문으로 보인다.

손쓴사람과 관련된 돌연모 문화로는 아프리카 올드바이 골짝에서 발견된 올도완 연모Oldowan Industry가 있다. 이 연모는 자갈 몸돌 연모로 간단하게 손질되었으며 연모들은 가죽을 자르거나 뼈를 깨트리는 데 사용되었다. 올도완 연모는 손쓴사람의 인지능력을 보여주는 것으로 이들의 제작수법은 80만 년 동안 변하지 않았다. 이렇게 연모 제작수법이 변하지 않았다는 것은 바로 이들의 생활유형이 변하지 않았다는 것을 의미한다.

현재 손쓴사람에 관한 학계의 연구에 따르면 손쓴사람은 한 종이 아닌 두 종으로 분류하는 것이 옳다는 주장이 설득력을 얻고 있다. 기존의 손쓴사람은 아프리카의 올드바이 골짝과 쿠비포라에서 발견된 화석을 모두 포함하였다. 올드바이 골짝에서 출토된 화석은 쿠비포라 출토화석보다 크기가 더 커졌는데 전통적 분류에서는 이를 남녀에 따른 성적차이로 설명하였다(예: ER1813번과 ER1470번 화석의 비교).

사진 7. 왼쪽은 ER1470번 화석이고 오른쪽은 ER1813번 화석이다.

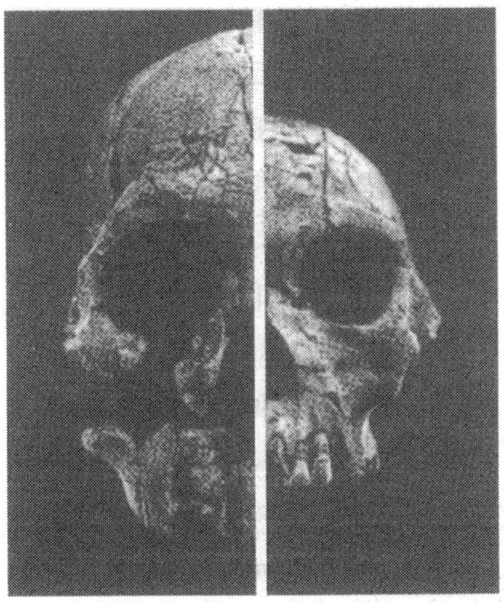

그러나 1986년 올드바이에서 발견된 OH 62번 화석은 1.9백만 년 전의 손쓴사람으로 키가 1m 정도라는 사실이 밝혀졌다. 이는 1.7백만 년 전에 살던 호모 에르가스터의 키가 1.8m 정도라는 점으로 볼 때 불과 20만 년 사이에 키가 이만큼 커질 수 없다는 모순에 빠지게 되었다. 또한 불완전 하지만 위·아래사지뼈 비율이 0.95로 이는 현생인류의 지수가 0.7이며 침팬지가 1인 점으로 볼 때 손쓴사람은 침팬지와 비슷한 비율의 위·아래 사지뼈를 지녔다는 것을 뜻한다. 따라서 성적차이로 설명되던 손쓴사람의 분류는 종이 다르며 그 결과 올드바이 골짝에서는 작은 두뇌의 손쓴사람만이, 그리고 쿠비포라에서는 손쓴사람과 큰 두뇌를 지닌 호모 루돌펜시스가 살았으며 이 종이 일하는 사람인 호모 에르가스터의 조상이라는 주장이 더 설득력이 있다. 최근에 호모 루돌펜시스를 2001년에 찾은 케니앤스로푸스 플레이토프스*Kenyanthropus platopus*와 얼굴이 닮은 점에 근거하여 케니앤스로푸스 루돌펜시스*K. rudolfensis*로 분류하여 인류의 진화자리밖에 자리하는 경우도 있다.

두발걷기와 커다란 두뇌는 침팬지 같은 모습에서 현생인류로 향하는 두 개의 주요 유전적 변화이다. 세 번째 유전적 변화는 1.7백만 년 전에 일어 났는데 육체적으로 그리고 행위에서 손쓴사람과는 다른 일하는 사람인 호모 에르가스터의 출현이 그것이다.

이른시기 인류(호미니드)의 행위

이른시기 인류의 행위가 어떻게 변해 왔는 지를 알기 위해 고인류학자들은 고인류학과 고고학 증거와 영장류의 행위를 설명하고 이를 뒷받침하기위한 여러 가지 행위 유형을 개발하여야 한다. 고인류학 연구의 목적은 첫째 인류의 특징과 닮은 동물의 유사성을 통해 인류의 진화를 설명하고자하는 것이며, 둘째 이런 동물의 유사성의 바탕을 이루는 <보편적 적응의 유형>을 구하고자하는 것이다. 이른시기 인류의 행위 진화연구에 가장 큰 영향을 미친 학자로 조지 바르토로뮤George Bartholomew와 요셉 버드셀Joseph Birdsell을 꼽을 수 있다. 이들은 이른시기 인류의 행위 진화는 한편으로는 젖먹이동물에 관한 생태자료로부터 추론하여 원인류의 생물학상 속성을 유추할 수 있으며, 또 다른 한편으로는 사냥과 채집을 하는 집단의 민족지적인 자료에 근거해 원인류의 문화속성을 가늠할 수 있다고 주장하였다.

인류 행위 진화의 연구

오늘날 이른시기 인류 행위의 진화연구에 관한 대부분의 모델은 개념적 모델Conceptual Model과 자료적 모델Referential Model로 크게 구분된다. 개념적 모델은 이른시기 인류의 행위를 생태조건에 따라 적응하는 행위와 진화이론 및 인류를 포함하여 특별한 영장류의 행위를 바탕으로 한다. 영장류 중 일부에서 보이는 일부일처제와 식량획득과정에서 보이는 생태상 분리 등을 근거로 인류의 행위 진화를 규명하고자 한 러브조이의 모델이 그 한 예이다.

자료적 모델은 인류 이외의 영장류 사회조직을 이른시기 인류 행위의 진화모델이 적용한 것으로서 1960년대에 유행했던 사바나 비비에 관한 모델과 1980년대에 알려졌던 피그미 침팬지에 관한 모델이 대표적이다.

사바나 비비 모델은 사바나에서 사는 비비들이 땅위에서 가장 성공적으로 사는 영장류라는 인식에서 출발한다. 따라서 이들의 생활 연구는 이른 시기의 인류가 나무에서 내려와 아프리카의 사바나 환경에서 살아가면서 부딪쳤을 문제에 대한 이해를 돕는데 중요한 역할을 하였다. 이 모델은 비비와 사냥·채집집단의 사회조직과 생태를 비교함으로 인류의 진화행위를 복원하고자 시도하였다. 집단의 크기와 조직, 맹수로부터의 방어 및 이들의 생활 반경과 좋아하는 음식, 특히 사냥과 주워먹기의 역할 등이 주요 연구 내용이었다.

피그미 침팬지 모델은 이른시기 인류와 아프리카 유인원사이의 유전적 연관성이 연구의 초점인데 특히 인류와 침팬지는 최근에 공통조상으로부터 갈라져 나왔다는 생물학적 증거를 바탕으로 한다. 이 모델에 따르면 피그미 침팬지가 원 인류를 다룰 때 가장 믿을만한 형태와 행위를 지닌 것으로 간주한다.

위에서 언급했듯이 이른시기 인류의 행위 복원을 위한 많은 개념적·자료적 모델은 특히 식량획득 행위인 사냥과 주어먹기 및 채집행위를 주요 연구대상으로 하였다. 이 중에서 주워먹기 행위는 고고학자들 사이에서 격렬한 논쟁을 불려왔다. 이른시기 인류의 행위로 알려진 주워먹기는 다음과 같은 두 가지 요인에 의해 결정되었을 것이다. 즉 도살이 일어나는 지역에서 살고 있는 커다란 식육류의 종류와 주워먹기가 일어나는 생태계와의 관계가 그 요인이다. 오늘날 동아프리카의 세렌게티 고원과 노롱고로 크레타 지역에서 일어나고 있는 주워먹기 행위에서 유추한 연구에 따르면, 이른시기 인류는 고양이과 식육류가 먹이를 사냥한 장소를 정기적으로 찾았으리라 가늠되는데, 이런 장소는 특히 건기 중에 삼림지대의 강가나 호숫가에 자리하고 있다. 사냥감은 대부분 중간 크기의 초식류이지만 사냥감이 도살당한 장소에 남겨진, 먹다 남은 사체의 싱싱한 고기는 골수와 골을 제외하고는 이른시기 인류가 주워먹기에 좋은 음식이었다. 남겨진 사냥감의 고기의 양은 어떤 종류의 식육류가 사냥을 했느냐에 달려 있다. 예를 들어 검치호 정도 크기의 식육류가 사냥을 할 경우 많은 양의 살코기를 사체에 남겨 두는 데 이런 종류의 식육류는 뼈를 부수지도 못할 뿐 더러 여느 식육류처럼 사체를 완전히 자르지도 못하기 때문이다. 이런 점에서 플라이오·플라이스토세에 아프리카 대륙에는 이른시기의 인류가 주워먹기를 하기위해서는 적어도

세 종류 이상의 검치호가 살았을 것으로 가늠된다.

검치호는 나무가 우거진 지대와 삼림지역에서 주로 사냥감을 구하는 데 반해 고양이과 식육류는 좀 더 열린 삼림지대와 사바나에서 사냥감을 구한다. 따라서 나무위에서 생활했던 손쓴사람은 숲속 환경에서 더 효과적으로 주워먹기를 했을 것이며 , 숲속 환경은 손쓴사람으로 하여금 식육류의 먹이가 될 확율이나 사체를 얻기에 필요한 경쟁이 열린 환경보다 덜하였을 것이다.

1.8백~1.6백만년 전에 사하라 남쪽 지역은 초원지대가 확장되고 삼림지대가 줄어들어 이 지대에서 살던 검치호는 절멸한다. 이런 환경의 변화로 인해 손쓴사람은 열린 환경에서 고양이과 식육류들과 경쟁하며 살아야 했다. 그 결과 손쓴사람은 식육류의 먹이가 될 가능성이 높아지고, 또한 당면한 문제인 주워먹기나 사냥방법을 변화시켜야 할 필요가 생기게 되었다. 이런 변화에 맞추어 손쓴사람에서 일하는 사람으로 진화해 가는 과정에서 몸의 크기가 빠르게 증가하였고 동시에 돌연모제작기술이 발달하기 시작했다. 아슐리안 연모의 발달이 이를 보여주는 증거이다.

일단의 고고학자들은 이른시기 인류와 식육류가 중기 플라이스토세까지 같은 생태조건에서 살았을 것으로 가늠한다. 또한 지금까지 알려진 고고학 유적에 대한 재평가가 진행되고 있었는 데 이른바 주거지로 알려진 <인류가 살던 층 Living Floor>이라는 해석에 대한 정밀한 조사가 요구되었다. 조사 결과 리챠드 포츠Richard Potts 등의 일단의 학자들은 연모를 사용하던 초기에 이른시기 호미니드는 죽은 동물을 식량으로 하였으며 골수를 얻기 위해 연모를 사용하였다고 주장한다. 뿐만 아니라 이른시기 인류는 현재 살고 있는 수렵·채집인보다 덜 체계적인 방법으로 동물의 사체를 다루었으며 이들은 기회가 주어지는 대로 고기를 주어먹었으며 식물성 음식을 채집했다는 점을 강조하고 있다.

지난 2백만년 전 이전에 살았던 이른시기 인류는 진화과정에서 두 가지 진화성향을 보이고 있는 데 그 중 하나가 몸의 크기가 증가하는 것이고, 남녀에 따른 성적차이가 줄어드는 것이 그것이다. 이렇게 이른시기 인류의 몸 크기의 변화는 땅위의 생활과 재생산, 및 사회행위와 식량획득, 그리고 주거지의 변화 같은 생태적 변화에 영향을 받았다. 두발걷기와 체모의 감소 및 몸집의 증가는 변한 환경에 적응하기에 필요한 열과 수분의 압박을 줄이기 위한 한 방법이다.

이렇게 이른시기의 인류인 손쓴사람(호모 루돌펜시스)은 변한 환경에서 주어먹기를 하였으며 점차 자신의 자리를 일하는 사람에게 물려주고 진화의 뒤안길로 사라져 갔다.

이른시기 인류 행위의 흔적 : 올드바이

인류의 조상은 돌로 만든 연모들을 남겼는데 바로 이 연모들이 구석기 고고학의 주된 연구 대상이다. 이들이 남긴 연모들의 연구는 미술사 연구처럼 매우 기술적인 방법으로 이루어져 연대순으로 정리되었기 때문에 마치 연모들이 진화했던 것처럼 여겨지긴 하지만 진화의 주체는 사람이지 연모가 아니다.

1960년대에 인류학자들은 유적지에 남겨진 연모와 동식물들을 연구하여 이를 남긴 인류의 행위를 알고자 했는데 동아프리카 탄자니아의 올드바이 골짝이 그 대표되는 유적이다. 올드바이 골짝 도처에는 동물의 뼈와 돌들이 흩어져 있는데, 가장 오래된 연모는 맨 밑층인 Bed 1에서 나온 올도완 연모로, 층위를 따라 지속적으로 나타나 인류가 어떻게 연모를 만들고 이를 발전시켰는지를 알 수 있게 해준다.

올도완 연모는 2.5 ~ 1.5백만 년 전까지 아프리카에서 손쓴사람과 호모 루돌펜시스가 사용하였다. 올도완 연모는 주로 석영이나 현무암 자갈돌로 만들어진 외날 또는 쌍날 찍개와 여러 면 석기 등 몸돌연모가 대표적이며 1.5백만 년 전에 발달한 형태의 올도완 연모로 변화한다. 찍개류 연모는 줄어들고 여러 면 석기1와 긁개 종류의 연모가 증가한다. Bed 1에서는 뼛조각들과 돌연모들이 함께 쌓인 채로 출토된 현상을 메리 리키Mary Leakey와 글린 아이작Glyn Isaac은 약 1.8백만 년 전부터 호미니드가 "사냥을 하고 옮겨온 돌들을 이용하여 연모를 만들고 그 자리에서 동물들을 도살하였으며, 먹다 남은 찌꺼기는 주워먹기 짐승들이 먹었고 발견된 뼈들은 바로 호미니드와 주워먹기 짐승들이 남긴 것"이라고 해석하였다. 그들에게 올드바이 유적지는 주거지로 인식되었다.

사진 8. 올드바이 골짝 위치 및 전경과 오스트랄로피테쿠스 보이세이 출토를 기념하여 발행한 우표.

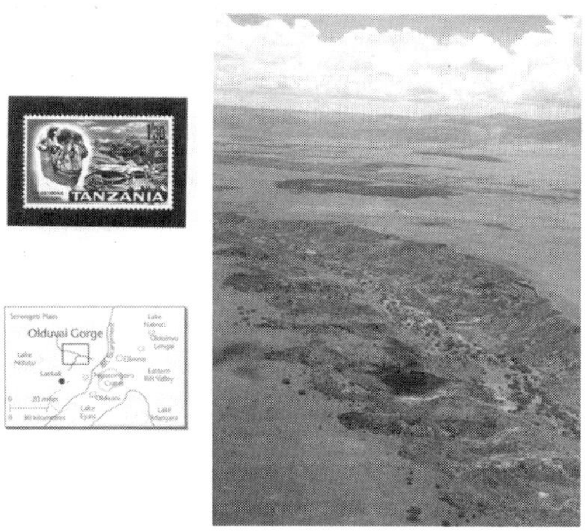

나아가 1970년대에 글린 아이작Glyn Isaac에 의해 성립된 '음식분배행위 가설'은 고고학계에 많은 영향을 끼쳤다. 아이작은 인류와 유인원을 구분하는 기준을 사냥 그 자체만을 강조하지 않았다. 그는 협동과 특히 음식의 분배행위가 인류 진화의 중심이었다고 주장했기 때문에 그의 이런 주장을 '음식분배행위 가설'로 부르고 있다. 이 가설에 따르면 남자들은 연모를 가지고 사냥을 하고 여자들은 식량을 채집하였으며, 이런 행위를 위해 호미니드 사이에 협동과 의사표현이 있었으리라고 가정하였다. 이들은 자기들이 얻은 음식을 주거지로 가지고 돌아와 분배했다고 주장하였다.

글린 아이작의 음식분배행위 가설은 오늘날 살고 있는 수렵·채집 집단들의 생활 유형을 과거에 살았던 호미니드를 연구하는데 적용한 결과이다. 리차드 리키는 이런 형태의 경제 행위를 '최초의 혼합 경제'라고 불렀는데 아이작은 음식 분배행위가 일어났던 '사회 환경의 복잡성'이 인류 진화의 추진력이지 사냥에서 요구되는 지식과 기술이 진화의 추진력이 아니라고 주장하였다. 이렇게 그의 가설은 사회 환경에 초점을 맞춤으로써 주로 기술과 조직적인 면을 강조했던 이전의 '사냥꾼 가설'과는 구분된다.

1980년대에 들어와 아이작 등은 쿠비포라에 있는 1.5백만 년 전의 임시 주거지를 연구한 결과 이 유적에 남겨진 돌들과 동물화석 및 식물성 음식들은 다른 곳에서 옮겨져 온 것이며, 당시의 인류는 동물들은 사냥하기보다는 다른 동물들이 먹다 남긴 나머지를 주워 먹던 존재였다고 아이작은 자신의 가설의 일부를 수정하였다. 그는 유적지에 남겨진 뼛조각들과 연모들은 주거지 주위에 있던 한 선사 인류 집단의 행위를 보여 주는 것으로 이런 형태의 행위를 '인류행위 중심지 이론'이라고 부르는 가설로 설명하였다. 이 가설에 따르면 손쓴사람들은 '주거지를 중심으로 식량을 획득하여 분배하는 생활'로 설명할 수 있는 사회 조직 유형을 가지고 있었다고 한다. 이미 1970년대 중반부터 아이작의 변화된 생각과 같은 의견이 몇몇 고고학자들에 의해 제기되었다.

1970년대 초반까지의 인류조상의 행위 연구에 관한 새로운 비평과 평가는 루이스 빈포드에 의해 시작되었다. 그는 '사냥 가설'뿐만 아니라 '음식분배행위 가설'에도 회의를 나타내었다. 그는 고고학 유적지에서 뼈들을 발견했을 때 이 뼈들이 인류의 행위에 의해 남겨졌다는 생각을 부정했다. 심지어 연모 옆에서 나온 동물화석이나 뼈들은 연모들과 상관없이 거기에 있을 수도 있고, 그들이 서로 가까이 있는 것도 단지 우연일 수도 있다고 주장하였다.

루이스 빈포드는 인류의 진화 중 늦은 시기에 살았던 인류 중에 특히 네안데르탈 사람의 행위에 대한 재검토를 한 후 이른 시기 인류의 행위에 관한 그동안의 해석에 의문을 제기하고 리차드 리키와 아이작이 재구성한 이른시기 인류의 행위는 논리적으로 가능하지 않다고 주장하였다. 따라서 빈포드는 가장 이른 시기의 유적지인 올드바이 골짝에 관해 이미 발표된 고고학 기록들을 검토한 끝에 '올드바이 유적지는 사냥을 하던 식육류와 이들이 남긴 고기를 주워 먹던 인류가 죽은 장소'라는 자신의 견해를 밝혔다. 빈포드에게 올드바이 골짝은 더 이상 인류가 살던 주거지가 아니며 이른 시기의 인류는 더 이상 사냥꾼도 아니고 음식을 분배하던 그런 사회적인 존재가 아닌, 남겨진 고기나 주워 먹으며 가끔 사냥이나 하던 존재이거나 아니면 식육류가 먹다 남긴 음식을 훔쳐 먹는 그런 존재였다. 빈포드가 주장한 인류의 사냥·채집 생활방식은 일찍이 나타났다는 학계의 일반적인 견해보다 늦게 나타난 행위였다.

아이작과 빈포드의 논쟁에 자극을 받은 리챠드 포츠와 그의 동료들은 최근에 올드바이 유적지에서 발굴된 뼈화석들을 재조사하였다. 연구 결과, 포츠 등은 올드바이 유적지에서 발견된 돌감들은 특별한 지점으로부터 의도적으로 운반되었으며 뼈화석들에는 연모에 의해 잘린 자국과 동물들이 씹은 자국이 함께 나타난다고 밝히고 있다. 그리고 올드바이는 주거지가 아니라고 밝히고 있다. 왜냐하면 주거지란 짧은 기간 중에 사회활동과 음식분배행위가 집중적으로 일어나야 하며, 나중에는 그 자리를 떠나게 되는 장소가 주거지로 정의되는데, 올드바이 유적지는 이와는 반대로 오 년에서 십 년이란 기간에 가끔씩 사용되었기 때문이다. 따라서 포츠 등은 올드바이 유적지를 '선 주거지'란 용어로 표현하였다.

지금까지 2백만 년 전에 살았던 이른 시기 인류인 손쓴사람의 행위를 설명하는 연구를 살펴보면, 이들의 행위 유형이 단 한 가지로는 설명될 수 없다는 점을 알 수 있다. 그러나 아이작 등에 의해 시도된 인류 행위에 관한 새로운 증거의 발견과 동시에 수반되는 의문은 우리를 옛 유적지에 대한 재조사와 새로운 연구의 장으로 안내하였다는 데 의의가 있다.

일하는 사람 *Homo ergaster*

일하는 사람은 아마도 손쓴사람(호모 루돌펜시스)의 후손으로 여겨지며 가장 이른 화석은 1.7백만년 전 아프리카에서 출현하였다. 일하는 사람으로 알려진 대표되는 화석으로는 1975년 아프리카 쿠비포라에서 발견된 KNM-ER 3733번 머리뼈 화석과 1984년 투르카나 호수 서쪽 나리오코톰에서 출토된 완전한 형태의 WT 15000 번 화석을 꼽을 수 있다. KNM- ER 3733번 화석은 동아프리카에서 굳세 보이는 오스트랄로피테사인스와 함께 살았는 데 낮은 머리통에 가운머리가 약간 솟아 있고 뒷머리뼈에 가로로 둥근 마디가 있으며 머리최대너비가 머리밑면에 자리한다. 머리용량은 850CC 정도로 아시아 출토 곧선사람과 같은 특징을 지녀 곧선사람으로 분류되었다. 그러나 얇은 머리뼈나 각이 진 뒷머리 그리고 눈두덩 뒤에 파인 부위 등은 아시아 출토 곧선사람과는 다른 특징을 나타낸다. 바로 이런 특징들을 바탕으로 ER 3733 번 화석은 새로운 종인 일하는 사람으로 다시 분류되었다. (* KNM-ER= Kenya National Museum - East Rudolf:현 투르카나 호수의 약자임)

사진 9. 올드바이에서 출토된 뼈조각. 호미니드 행위에 의한 자른자국이 보인다.

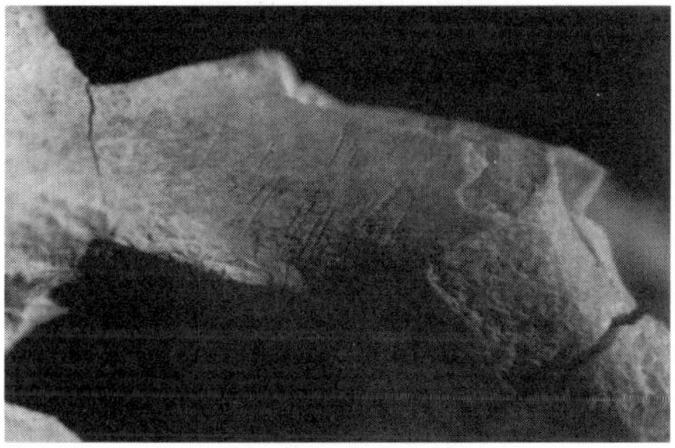

일하는 사람에 속하는 또 다른 대표되는 화석으로는 1984년 투르카나 호수 서쪽 나리오코톰에서 출토된 WT 15000번 화석을 꼽을 수 있다. 이 화석은 1.6백만 년 전에 살았던 어린 소년의 것으로 호수로 들어가는 삼각주의 낮은 곳에서 죽었으며 퇴적이 빠른 속도로 시체를 덮어 뼈대를 보존하였다. 화석은 거의 완전한 모습으로 출토되어 이 당시 고인류에 관한 학계의 의문을 풀어 주는 데 한 몫을 담당하였다 (* WT= West Turukana를 나타냄). WT 15000번 화석은 거의 완전한 모습을 갖추어 두뇌의 크기와 머리의 성장 및 발달 정도를 추정할 수가 있었다. 또한 사지뼈를 통해 화석 주인공의 사지뼈 비율과 성숙도, 임신능력 및 언어 능력까지도 짐작 할 수 있다.

화석이 발견될 당시 소년의 키는 1.5m에 47kg 정도의 몸무게를 지녔다. 이 소년이 어른까지 살았다면 1.8m의 키와 68kg 정도의 몸무게를 지녔을 것으로 가늠된다. 몸의 모습과 사지의 비율로 볼 때 소년은 오늘날 아프리카 적도에서 살고 있는 소년들처럼 가는 몸매에 큰 키를 지니고 있었을 것이다. 그러나 등뼈의 특징으로 볼 때 말을 할 수 없었으며 엉덩뼈가 좁기 때문에 현생인류보다 더 잘 걷고 달렸을 것이다. 전체적으로 WT 15000번 화석은 오스트랄로피테사인스의 모습에서 벗어나 빠르게 현생인류와 같은 몸의 구조와 머리크기로 진화해가는 형태이다.

사진 10. 동투르카나의 로메퀴에서 출토된 WT 15000화석의 모습

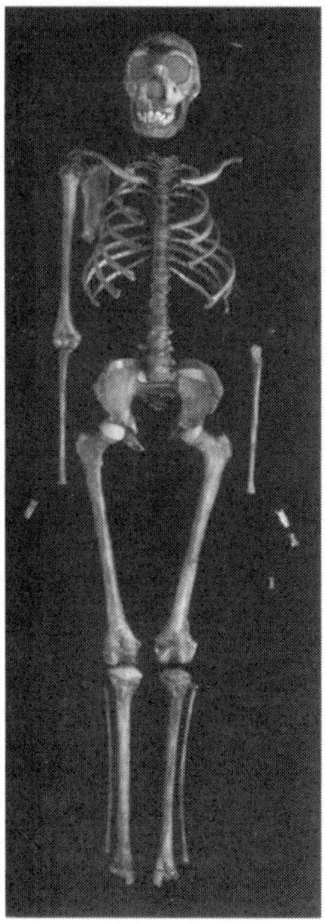

또 다른 화석으로는 남아프리카의 스와르트크란스에서 찾아진 SK 847번 화석으로 이 화석은 박물관에서 발견된 위턱 조각을 과거 텔란스로푸스 카펜시스*Telanthropus capensis*로 알려진 위턱 조각과 맞추어 한 개체로 만들어졌다.

그림 12. 일하는 사람들의 생활모습 상상도

스와르트크란스 동굴에 호모가 살았다는 것은 중요한 의미가 있는 데 이 동굴에서 돌연모와 불을 사용한 흔적이 발견되었기 때문이다. 출토 화석 중 95%가 굳세 보이는 오스트랄로피테쿠스의 화석이고 이들은 연모와 불을 사용했다는 증거가 없기 때문에 동굴에 남겨진 돌연모와 불은 일하는 사람이 사용하였다고 보는 것이 타당하다.

최초의 일하는 사람은 800cc 정도의 두뇌크기를 지녔지만 뼈대 대부분은 발달한 인류의 특징을 지니고 있다. 일하는 사람의 팔은 유인원보다는 짧은데 이는 나무위의 생활을 청산하고 땅에서 살았기 때문이다. 몸통도 유인원같이 물통 형이 아닌 우리와 같은 술통형으로 음식이 바뀌었기 때문이다. 즉 유인원은 식물성 음식을 소화하기위해 저장기능을 위한 커다란 위가 발달하여 물통 형의 몸통을 지녔으며, 에르가스터의 몸집은 고기와 덩이줄기 그리고 끈적끈적한 뿌리 같은 영양이 풍부한 음식을 소화하기 위해 배꼽 위 부분이 발달한 술통 형이다.

메마르고 더운 아프리카 지역에서는 덩이줄기가 살 사라는 네 이는 사냥-채집을 하딘 일하는 사람도 이를 음식으로 택하였을 것이다. 메마른 시기에 출현한 일하는 사람은 덩이줄기를 요리할 줄 알았으며 요리한 덩이줄기는 소화가 잘 되어 더 많은 영양분을 공급하였다. 물론 일하는 사람이 불을 사용했었는 지는 알 수 없으나 고고학 자료들은 이 시기에 불을 사용했을 가능성을 보여주고 있다.

고인류학자들은 일하는 사람의 몸의 구조가 유인원보다는 좀 더 인류로의 사회조직에 알맞은 형태로 전환되는 흔적을 볼 수 있다고 주장한다. 즉 일하는 사람의 경우 여성의 몸집이 작기는 하지만 최초로 몸의 크기에서 여성과 남성의 차이가 현저히 줄어들었다. 이런 변화는 바로 사회구조에서 중요한 변화가 일어났기 때문으로 침팬지 같이 암놈과 수놈이 분리된 사회구조가 아닌, 남녀가 짝을 이루어 함께 생활하는 인류사회와 같은 구조를 지녔기 때문이다.

물론 이런 사회구조가 곧 일부일처제를 의미하는 것은 아니지만 적어도 남성이 여성과 그 자식들을 보호하고 음식을 제공하는 가족구조가 시작됐음을 의미한다. 이들의 음식 중 하나인 덩이줄기는 여성이 채집할 수 있는 음식이다. 음식을 채집하는 여성의 역할은 남녀사이에서의 협동이라는 패턴을 촉진시키고 이런 행위가 남녀사이의 크기 비율을 줄이는 원인이 되었을 것이다.

성에 따른 변화는 해부학상 증거로도 알 수 있다. 일하는 사람의 골반은 손쓴사람보다 좁으며 작아진 골반의 산도는 일하는 사람의 아이들의 두뇌가 태어난 이후에 커졌음을 뜻한다. 따라서 부모는 어린아이를 돌봐야 했으며 여성의 경우 아이 때문에 공격받기가 더 쉬워졌으며 남성은 자기집단의 영역을 지키기보다는 자식과 여성을 보호하는데 더 많은 노력을 기우려야 했다. 이런 행위와 부모사이의 밀착된 관계는 자식들이 생존하여 부모의 유전적 특징을 이어받는 데 도움이 되었다. 바로 골반 크기와 같은 간단한 해부학적 변화가 사회구조와 행위의 변화를 가져오게 하였다.

일하는 사람의 두뇌는 손쓴사람과 비교해보면 몸의 크기에 비해 약간 크다. 그럼에도 불구하고 새로운 돌연모를 제작할 수 있게 되었다. 아슐리앙 돌연모 문화의 출현이 그것이다. 돌연모에 대한 현미경 관찰과 경험적 연구에 따르면 아슐리앙 돌연모는 여러 모로 사용되었는데 사냥과 가죽 다듬기, 뼈 깨트리기, 나무 자르기 등의 일에 사용되었음을 알 수 있다. 일하는 사람은 여러 종류의 돌연모와 나무로 만든 연모 등을 사용했을 것으로 가늠된다.

인류 최초의 이동 : 구대륙으로

19세기 이래 학자들 사이에서는 인류가 언제, 어디서 처음으로 나타났는지, 또 어떻게 퍼져 나갔는지에 대해 많은 논란이 있었다. 인류의 조상이 살기 좋은 온도(임계온도)는 약 섭씨 27도로 알려져 있는데 이른시기 인류가 살던 시기에 이런 조건을 가진 지역은 아프리카의 사바나 지대뿐이었다. 따라서 아프리카가 인류의 기원지로 인식되었다. 이렇게 아프리카가 인류의 기원지로 인식된 후 인류의 이동에 관한 문제가 고인류학계의 중요 연구대상이 되었다.

1990년대에 들어오면서 고인류학계는 새로운 발견에 힘입어 언제 인류가 아프리카를 떠나 지구의 여러 지역으로 퍼져 나갔는지를 재검토하게 되었다. 전통적인 고인류학계의 견해에 의하면 곧선사람이 1백만 년을 전후해서 처음으로 아프리카를 떠나 유라시아 대륙으로 이주한 것으로 알려져 있었다. 그러나 최근에 발견된 화석과 새로운 연대측정에 따르면 일하는 사람과 곧선사람의 조상인 이른시기 인류가 지금까지 알려진 시기보다 훨씬 일찍이 거의 1.8백만 년 이전에 아프리카를 떠난 것으로 가늠된다. 일하는 사람의 조상은 아프리카를 떠나면서 인류 유전자는 크게 아프리카, 유럽 그리고 아시아의 세 방향으로 나누어져 진화해 갔다. 일하는 사람의 조상은 메마른 지역에서 적응했던 인류로 여러 환경조건에서도 잘 적응 할 수 있었다. 이렇게 일하는 사람들이 지닌 뛰어난 환경의 적응성은 이들이 최초로 아프리카를 벗어나 지구의 여러 지역으로 퍼져 나가게 하는 원동력이 되었다.

새로운 화석 증거는 일하는 사람의 조상이 일찍이 아프리카를 떠났을 가능성을 보여 주는데 1991년과 2002년에 동그루지아(조지아) 지방의 드마니시Dmanish라는 한 중세 마을에서 출토된 일하는 사람을 닮은 화석과 동물뼈와 돌연모가 그것이다. 포타슘-아르곤 연대측정과 고지자기 연대측정에 따르면 이 호미니드는 1.8백만 년 전의 것으로 계산되었다. 이는 유라시아에서는 처음으로 알려진 이른시기 인류의 화석으로 인도네시아의 모죠케르토Mojokerto와 비슷한 연대를 지니고 있다. 드마니시에서 출토된 아래턱은 아시아 출토 곧선사람보다는 같은 시대에 아프리카에서 살았던 호미니드와 더 닮았다. 따라서 이 화석은 일하는 사람인 호모 에르가스터나 또는 지금은 알려지지 않은 호미니드로 가늠된다.

아시아의 경우 최근에 개발된 아르곤·아르곤 연대측정에 따르면 -물론 연대측정 결과가 옳다면-, 인도네시아의 모죠케르트 출토 어린아이의 화석은 1.8백만 년 전에 살았으며 상기란 Sangiran출토 호미니드는 1.6백만 년 전의 것으로 보고되었다. 모죠케르토와 상기란에서 출토된 호미니드의 연대에 따르면 이미 1백만 년 훨씬 이전에 동아시아에 이른시기의 호미니드가 살았으며, 이는 이들이 아시아를 거쳐 자바에 도달했다는 결론에 도달한다. 중국의 롱구포Longgupo에서는 1.7백만 년 전의 화석이 보고되었으며, 랑티엔Lantien에서 출토된 호미니드의 연대는 80만 년 전으로 그리고 유안모우Yuanmou에서 출토된 호미니드 치아는 70만 년 전의 것으로 알려지고 있다.

아시아에서 가장 이른 곧선사람의 화석이 1.8백만 년 전 이라는 연대에 맞는다면 곧선사람과 일하는 사람은 진화상 동 시기에 살았다는 것을 의미한다. 즉 일하는 사람의 조상은 아프리카에서는 일하는 사람으로 진화해 갔으며 1.8백만 년 이전에 아프리카를 떠나 자바의 모죠케르토와 상기란 등에 도달한 호미니드는 아시아에 도착한 후 빨리 곧선사람으로 진화했음을 보여준다.

에르가스터가 아프리카에서 처음 인류의 진화선상에 나타난 후 100만 년 내지 50만년 동안 두뇌크기는 몸의 크기에 비해 괄목할만하게 확장되었으며 20만 년 전에는 이미 현생인류인 슬기사람과 비슷한 모습을 지녔다. 두뇌는 변하는 데 반해 고고학 기록으로 보면 행위는 별다른 변화가 일어나지 않았다. 2.5백만 년 전부터 1.7백만 년전 사이에 올도완 연모 문화는 별다른 변화가 없었으며 이를 이어받은 아슐리안 문화는 25만 년 전까지 커다란 변화없이 지속되었다. 아시아에서는 곧선사람들이 돌연모 대신에 대나무를 연모로 만든 증거들이 나타나는데 이는 동아시아에서 주먹도끼 문화가 없는 까닭을 설명해주는 근거가 된다. 유럽의 네안데르탈사람은 아프리카에서 사용된 연모와 같은 계통의 연모를 사용하였다.

만일 곧선사람이나 호모 에르가스터의 조상이 1백만 년 전보다 훨씬 이전에 아프리카를 떠났다면 그 요인은 무엇이었을까? 이런 의문에 학계는 아마도 아슐리앙 문화라는 새로운 연모제작 기술의 발달 때문이었을 것이라고 설명한다. 그러나 문제는 1.7백만 년 전에 처음으로 아프리카에 아슐리앙 연모가 나타나는데 그 이전에 아시아에 곧선사람이 이미 도달했다는 점이다. 또한 동아시아에는 주먹도끼 문화가 오랫동안 존재하지 않았다고 알려져 있다.

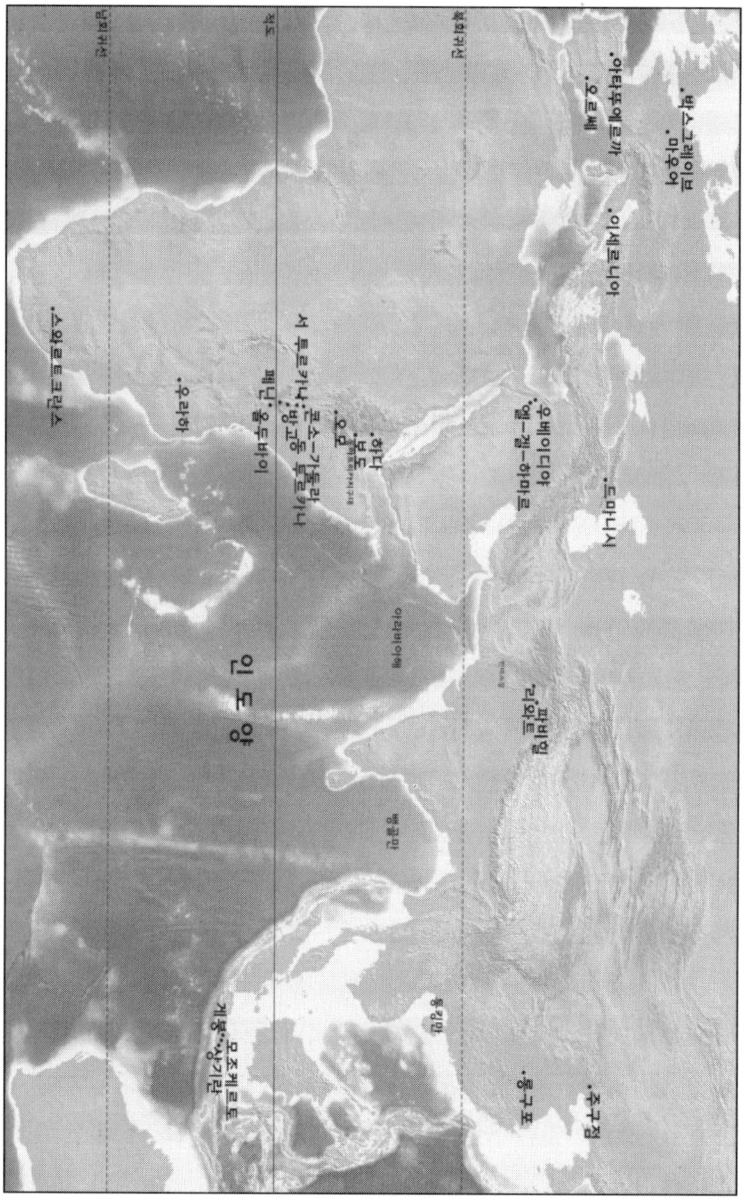

그림 13. 호모 에르가스터(곧선사람)의 출토유적과 이동경로

최근에 이른시기 인류(곧선사람과 일하는 사람의 조상)의 이동에 대해 잭 해리스Jack Harris 등은 유적지에서 출토된 유물 등을 바탕으로 식량을 주어먹는Scavenging 행위가 이른시기 인류의 이동의 원인이라고 주장한다. 즉 기후의 변화로 지구의 환경이 변하는 데 이른시기 인류는 기본적으로 식량의 획득이라는 문제와 추위와 더위 그리고 식육류로부터 안전한 피난처를 얻는 능력이 요구되었다고 한다. 이런 문제를 해결하기위해 2.5백만 년 전의 이른시기 인류는 “넓은 지

역에서 식량을 얻었으며 Catchment Scavenging", 2백~1.6백만 년 전에 일반적으로 나타나는 "좁은 지역에서 식량을 얻는 행위Territory Scavenging" 를 통해 식량을 획득하는 데 바로 이 후자의 행위에 따라 이른시기 인류가 이동을 하게 되었다는 가설이다. 즉 2.5백만 년 전 넓은 지역에 드문 드문 흩어져 식량을 구하던 이른시기 인류는 이동의 필요성을 느끼지 못했다. 그러나 2백만 년 전 기후의 변화로 삼림지대가 줄어들어 넓은 지역보다는 좁은 지역에서 식량을 구해야하는 압박에 직면하였다. 좁은 지역에서 식량을 얻는 행위는 다른 주민들과의 경쟁에 효과적인 생존방법이었다.

한 지역에 정착한 이른시기 인류 중 일부가 이 방법을 택하여 또 다른 지역으로 이동하였다. 이른시기 인류의 이동은 아시아와 유럽에 이를 때 까지 계속되었다. 이렇게 기후변화 때문에 생긴 식량획득의 필요성에 의해 이른시기 인류는 아프리카를 떠나게 되었다. 아마도 2백만 년 전을 전후해 아프리카의 하다를 떠난 곧선사람과 일하는 사람의 공동조상은 하다와 아라비아 반도가 연륙되는 바브-앨 만다브Bab-el-Mandab를 거쳐 동쪽으로 이동하였다. 호미니드는 아라비아 남단 해안을 따라 호르무즈를 건너 인도 서쪽 해안에 도달하였으며 아마도 이 중 일부는 인더스 강을 따라 북상하여 파키스탄의 리바트Rivart와 파비 힐Pabbi Hills에 도착하였다. 인도대륙에서 머물던 일부 이른시기 인류는 인도차이나에서 육지로 변한 순다해협을 건너 인도네시아에 도달했으며 다른 일부는 북상하여 통킹만으로 흐르던 양자강을 따라 중국 남부의 룽구포에 도달하였다.

한편 일하는 사람의 조상은 아시아와 유럽으로 향하기 전후에 지중해의 동쪽으로 이동했던 것으로 가늠되는데 중동의 요르단 골짝에 자리한 우베이디야Ubeidiya 유적과 드미니쉬에서 출토되는 호미니드 화석과 이른 시기의 찍개와 조잡한 형태의 아슐리앙 주먹도끼가 그 증거이다. 이 두 유적의 연구에 의하면 레반트가 이집트와 사우디아라비아에서 유럽과 북서 아시아로 이동하는 길목이었음을 암시한다.

많은 고인류학자들은 1907년에 독일의 마우어에서 출토된 하이델베르그 사람의 아래턱을 증거로 50만 년 전까지 이른 시기의 인류는 유럽에 도달하지 않았다고 주장한다. 실제로 유럽은 산맥과 큰 강 및 기후가 이른시기 인류의 이동을 방해하였다. 그러나 최근에 발견된 인류의 화석들은 50만 년 전 이전에 이미 인류가 유럽에 이주한 것을 보여 주는데 이런 주장을 뒷받침해주는 화석으로 1994년 영국의 박스글로브Boxgrove에서 출토된 인류의 정강뼈가 있다. 유럽에 50만년 이전에 인류가 도달했다는 또 다른 증거로는 스페인의 아타프에르카의 그란 돌리나Gran Dolina 동굴에서 출토된 뼈조각들과 연모가 그것이다. 1995년에 발견된 유적으로 78만 년 전의 유적으로 자리매김하였다. 출토된 화석은 곧선사람이나 네안데르탈 사람과는 다르게 호모 안티세스로 분류되는데 이른 시기의 호모 하이델베르겐시스로도 불린다.

곧선사람 *Homo erectus*

곧선사람은 1.8백만 년 전부터 50만 년 전 사이에 주로 인도네시아의 자바Java와 중국의 저커우디엔Zoukoudian 周口店 등에서 출토되는 데 새로이 발견된 이른시기 화석들과 이에 대한 재분류는 인류의 진화과정이 매우 복잡하다는 것을 보여주고 있다. 곧선사람의 화석은 주로 아시아에서만 출토되는 화석을 말하며 한때 인류의 직접조상으로 알려졌으나 이제 아프리카 출토 일하는 사람에게 그 자리를 내어 주었다.

그러나 곧선사람은 한때 우리와 가장 가까운 종으로 알려졌었고 이들의 발견과 연구는 고인류 연구의 기폭제가 되었다. 곧선사람은 일하는 사람의 조상으로부터 출발하여 1.8~1.5백 만 년 전 이전에 아시아로 이동해 추운 기후에 적응한 최초의 호미니드였을 것이다. 이렇게 새로운 환경으로의 이주는 곧선사람의 진화에 중요한 요인으로 곧선사람의 해부학상 특징 및 행위와 관련이 있다.

곧선사람의 발견의 역사는 19세기로 거슬러 올라간다. 당시 다윈의 『종의 기원』,과 『인류의 후예』 가 출판 된 이후 일단의 학자들은 인류와 유인원을 잇는 중간형의 존재가 있었다고 가정하였다. 당시 다윈의 지지자였던 언스트 헥켈Ernst Haeckel은 화석증거가 없음에도 가상의 중간형 존재인 '잃어버린 고리'를 "*Pithecanthropus alalus*"라고 가정하였다. *Pithecanthropus*라는 단어는 그리스말에서 온 'Pithekos 즉 유인원 Ape' 과 'Anthropos 인류'라는 말이 결합된 것이며 'alalus' 는 '말할 수 없는' 뜻으로 '말할 수 없는 유인원-사람' 이란 의미이다. 이런 헥켈의 주장은 듀보아Eugene Dubois 등에 영향을 끼쳐 아시아에서 곧선사람을 찾게 하는 기폭제가 되었다.

아시아의 곧선사람 : 인도네시아와 중국 출토 화석

아시아에서 곧선사람의 화석은 인도네시아와 중국에서 찾아진다. 과거 유럽의 기후는 유인원과 인류를 잇는 중간형의 존재가 살기에는 너무 추운 날씨이기에 이 존재의 흔적은 유럽 이외의 지역에서 찾아질 것 이라고 헥켈은 생각하였다. 그는 다윈이 생각하는 아프리카가 아닌 아시아 열대지역이 인류 기원의 이상적인 장소라고 믿었다. 이런 헥켈의 생각은 네델란드 출신의 의과대학생인 듀보아에게 큰 충격을 주었다.

인도네시아 : 1887년 의사 출신의 듀보아는 자신의 꿈을 실현하기위해 네델란드 군대에 입대하여 군의관이 된 후 당시 네델란드의 식민지인 수마트라에 부임하였다. 훈련받지 않은 연구자가 옛인류 화석을 찾기 위해 알려지지 않은 지역으로 가서 화석을 찾은, 역사상 몇 안 되는 예 중의

하나이다. 1891년 듀보아는 자바 중부를 흐르는 솔로강 가의 트리닐Trinil 마을에서 머리뼈를 하나 찾았다. 독일의 네안더 계곡에서 발견된 머리뼈와 사지뼈들이 고인류학 연구에 불을 당겼다면 트리닐에서 발견된 화석은 인류의 조상이 지역적으로 널리 퍼져 나갔음을 알려 주는 중요한 발견이었다.

1892년에는 머리뼈가 발견된 층과 같은 층이라고 생각되는 층에서 허벅지뼈를 하나 찾았다. 듀보아는 이들을 같은 개체에 속하는 것으로 보았으며 이 뼈의 주인공을 유인원에서 인류로 넘어가는 유인원에 더 가까운 중간형의 단계로 두발로 걸어 다녔다고 규정하였다. 1894년 듀보아는 자기가 발견한 화석을 피테칸스로푸스 에렉투스*Pithecanthropus erectus*(erect apeman)라고 이름 지었다. 인류 역사상 최초로 가능성이 실제로 실현된 것이다. 그러나 듀보아가 찾은 허벅지뼈는 현생인류와 훨씬 닮았으며 후에 실시된 정밀계측 결과 늦은 시기의 인류로 밝혀졌다. 듀보아가 발견한 화석에 대한 초기의 논쟁은 층위에 관한 것이 아니라 이들이 단일 종인지의 여부와 유인원과는 다른 시기 인류의 것인지에 집중되었다.

1936년에는 퍼닝Perning(모죠케르토Mojokerto로 알려짐)에서 화석이 출토되었고 1937년과 1941년에 상기란 Sangiran 지역에서 폰 쾨닉스발트G.H.R Von Koenigswald에 의해 여러 개의 화석이 발굴되는 등 지금까지 인도네시아에서는 40여 개체의 곧선사람 화석이 출토되었다. 1950년대에 진화생물학자인 언스트 마이어Ernst Mayer는 자바에서 출토된 호미니드와 베이징에서 출토된 화석들은 같은 시기에 살았던 단일 종인 곧선사람으로 분류할 것을 제안하였다.

세계 이차 대전 이후 인도네시아에서 발견된 호미니드 화석 중 가장 중요한 화석은 1969년 상기란에서 출토된 상기란 17번 화석이다. 이 화석은 곧선사람의 남자 어른 머리뼈로, 후에 슬기사람의 기원을 설명하는 다지역 기원설의 이론적 근거를 제공하는 증거가 되었다.

20세기 초까지 인도네시아 출토 화석의 경우 가장 큰 문제는 초기에 발견된 대부분의 화석이 정식 발굴로 출토되지 않아 정확한 출토 층위와 출토 연대를 알 수 없다는 점이다. 따라서 인도네시아 출토화석의 연대는 100 만년이 조금 넘는 것으로 알려졌었다. 그러나 최근에 개발된 아르곤·아르곤 연대측정에 따르면 -물론 연대측정 결과가 옳다면-, 모죠케르트 출토 어린아이의 화석은 1.8백만 년 전에 살았으며 상기란 출토 호미니드는 1.6백만 년 전의 것으로 보고되었다. 모죠케르토와 상기란에서 출토된 호미니드의 연대에 따르면 이미 1백만 년 훨씬 이전에 동아시아에 이른 시기의 호미니드가 살았으며, 이는 이들이 인도를 거쳐 아시아 대륙을 지나 자바에 도달했다는 결론에 도달한다.

그러나 자바에서 출토된 화석들은 그 층위가 분명하지 않아 1.6백만 년 전 이전의 화석 출토 연대를 수용하는 것은 문제가 있다. 더구나 다지역 기원설이 맞는다면 한 좁은 지역에서 200 만 년 가까이 외부로부터 영향을 받지 않고 고립되어 슬기사람까지 이어져 왔다는 생각은 받아들여지기가 어렵다.

인도네시아 출토 곧선사람의 해부학상 특징은 현생인류인 슬기사람의 해부학적 특징과 견주어 정의 되었는데, 낮은 앞이마와 두드러진 눈두덩, 윗머리뼈의 가운마루와 각 진 뒷머리, 및 두터운 머리뼈 등이 대표되는 특징이다. 그러나 이들은 뚜렸한 돌연모문화를 남기지 않았기에 일단의 학자들은 인도네시아 곧선사람은 돌연모 대신에 대나무로 만든 연모Bamboo Industry를 사용하였다고 주장한다.

중국 : 중국의 경우 수세기 동안 민간요법으로 동물화석을 약재로 이용하였다. 1899년 유럽출신의 의사가 베이징의 한약방에 진열된 동물화석 중에서 사람의 것으로 보이는 치아를 하나 찾았다. 이 치아에 흥미를 가진 지질학자인 앤더슨J,G Anderson은 베이징에서 남쪽 40km 지점에 자리한 저커우디엔周口店 마을 뒷산의 석회암 동굴을 발굴하여 석영으로 만든 연모와 치아 두 개를 찾았다. 1927년 미국인 보린Bolin의 지도로 주구점 제1 지점의 발굴이 재개되고 치아가 한 개 더 찾아졌다. 처음부터 발굴된 치아에 흥미를 가진 베이징 연합의과대학의 해부학자인 데이비슨 불랙Davison Black은 세 개의 치아를 근거로 새로운 종인 시난스로푸스 페키낸시스*Sinanthropus pekinensis*(=북경인)라는 선사인류를 발표하였다. 1937년까지 미국 시카고 대학의 프란츠 바이덴라이히Franz Weidenreich 등에 의해 모두 40 개체 이상의 시난스로푸스의 화석을 발굴되었다.

세계 이차대전이 발발하자 그간 발굴된 화석들을 미국으로 보내기로 하였으나 1941년 베이징에 일본군이 진주하면서 화석 운반을 맡은 미해병들은 체포되어 억류되었고 화석이 든 상자는 사라져 버렸다. 오늘날 사라진 화석에 대해 많은 추측이 난무하지만 아마도 화석의 중요성을 모르는 사람에 의해 버려졌을 것으로 가늠된다. 다행이 바이덴라이히는 석고로 복제품을 만들었는데 이들은 지금 미국 자연사 박물관에 보관되어 있으며 20세기 중반까지 알려진 북경인의 복원에 바탕이 되었다.

1929년 이래 저쿼우디엔에서 발굴된 화석을 연구한 바이덴라이히는 오늘날 중국사람들이 여러면에서 저쿼디엔 출토 호미니드와 해부학적 특징을 함께 나누어 지니고 있다는 결론에 도달하였다. 그의 연구는 오늘날 인류가 여러 지역에서 기원했다는 가설을 지지해주는 바탕이 되고 있다.

1949년 이후 저쿼디엔에서 발굴된 화석들의 도움으로 20세기 후반에 미국 자연사 박물관의 이안 터트셀Ian Tattersall 등은 저쿼디엔에서 출토된 화석을 다시 복원하였다. 복원된 화석은 1930년대 바이덴라이히가 복원한 화석과는 완전히 다른 모습으로 다른 지역에서 출토된 곧선사람과 더 가까운 모습이다. 화석의 평균 머리용량은 1,043cc이며 눈두덩은 올두바이와 상기란 출토 화석보다 덜 발달하고 작은 뒷머리뼈에는 넓적한 목덜미 마루가 발달해 있다. 머리뼈는 낮고 두터우며 옆머리 윤곽은 양쪽이 수직으로 이어져 있다. 얼굴은 투박하며 아래턱은 군세 보이는 특징을 지니고 있다.

그림 14. 복원된 곧선사람 상상도

저커우디엔 유적의 퇴적은 맨 밑층에서 위층까지 28개의 지질학 층과 12개의 고고학 층 및 위·아래 2 개의 문화층으로 구성되어 있다. 맨 밑층은 50만 년 정도이며 위층은 20만년 전에 퇴적되었다. 이 유적의 중요성은 많은 인류 화석이 출토되었으며 더불어 돌연모와 동물화석이 층위를 따라 풍부하게 출토되었다는 점이다. 함께 출토된 재와 불에 탄 뼈는 일반적으로 인류가 사용했던 것으로 알려져 있으나 이에 반대되는 주장도 있어 앞으로 더 정밀한 연구가 필요하다.

중국에서는 1949년부터 1966년까지 저쿼디엔에서, 1963년에는 첸지아워陳家窩에서, 그리고 1964년에는 꽁왕링公王嶺에서, 또 1980~1981년 사이에는 헤시안和縣의 론탄동 龍潭洞 동굴에서 곧선사람의 화석이 발견되었다. 그리고 1975~1982년 사이에는 유안모 元謀와 다른 6개 지점에서 화석이 발견되었으며 이 중 첸지아워와 꽁왕링 출토화석은 란티엔藍田 사람으로 알려져 있다. 북부 베트남의 탐큐엔Thamkhuyen 동굴에서도 화석이 출토되었다.

하이델베르그 사람 *Homo heidelbergensis*

호모 하이델베르겐시스는 50만 년 전부터 10만 년 전 사이에 주로 아프리카와 유럽에서 출토되었다. 이들 화석은 곧선사람과 닮은 특징을 지녔으며 동시에 슬기사람과도 닮았다. 이 인류 화석들은 1907년 처음으로 독일의 마우어Mauer에서 발견되어 호모 하이델베르겐시스로 이름이 정해진 아래턱 화석과 같은 종으로 알려졌으나 수 십 년 동안 다른 이름으로 알려지기도 했다.

한때 학자들은 유럽에서 발견된 화석을 옛슬기사람 Archaic *Homo sapiens*로 불렀으며 아프리카에서 출토된 화석은 발전한 형태의 곧선사람Developed *Homo erectus* 으로, 그리고 이 유형에 속하는 아시아 출토화석은 Early *Homo sapiens*로 분류하였다. 그러나 고인류학의 분류체계에 맞추어 유럽과 아프리카 출토 화석은 호모 하이델베르겐시스로 통일되었으며, 아시아 출토화석은 여전히 학명은 결정하지 못한 채 호모 하이델베르겐시스 단계*Homo heidelbergensis Phase*라고 부른다.

호모 하이델베르겐시스는 곧선사람에서 보이는 특징과 네안데르탈과 슬기사람에서 보이는 특징을 함께 지니고 있다; 넓적한 얼굴에 두툼한 눈두덩, 낮은 긴 앞머리, 눈굼뒤줄임 등은 곧선사람의 특징이며, 머리 중간에 자리한 머리최대너비 , 뒷머리 둔덕위 파임과 갈매기형의 눈두덩은 네안데르탈사람에서 보인다. 양쪽으로 불거진 윗머리, 둥글게 발달한 뒷머리, 송곳니 파임과 큰 머리용량은 슬기사람의 특징이다.

위에서 언급한 모습의 호미니드는 아프리카의 경우 보도Bodo와 남아프리카의 엘란스폰테인 Elansfontein과 허스동굴Cave of Hearths, 잠비아의 브로큰 힐Broken Hill, 탄자니아의 누트Ndutu와 에야시Eyasi, 케냐의 캅투린Kapthurin, 이티오피아의 멜카 쿤트레Melka Kuntre, 지부티의 와디 다가드레Wadi Dagadle, 그리고 모로코의 캐비바트Kebibat와 살레Sále 등에서 출토되었다..

유럽에서는 영국의 스완스콤Swanscombe과 폰트네위Pontnewydd, 그리고 프랑스의 몽마우린 Montmaurin, 아라고Arago, 라자레Lazaret, 쉐즈La Chaise, 폰트쉐바트Fontechevade, 비아쉬 쌩 바스트Biache-Saint-Vasst, 스페인의 아타푸에르카Atapuerca, 독일의 마우어Mauer, 스타인하임 Steinheim과 빌징스레벤Bilzingsleben, 항가리의 베르테스죌레스Vertessozöllös, 그리고 그리이스의 페트라로나Petralona 등 유럽 전역에서 출토된다. 한편 스페인의 아타푸에르카Sierrade Atapuerca의 그란 돌리나Gran Dolina 동굴의 80만 년 전의 층에서 출토된 화석은 하이델베르겐시스라는 이름 대신 호모 안티세서*Homo antecessor*로 불리운다.

아시아의 경우 인도의 나르마다 계곡Narmada Valley에서 보고되었고, 중국의 다리大荔Dali, 휴지아요 許家窯Xujiayo, 마바馬壩Mapa, 그리고 진뉴산 金牛山Jinnushan에서 출토되었으며 인도네시아의 경우 낭동Ngandong과 삼붕마찬Sambungmachan에서 출토되었다.

그림 15. 하이델베르그사람들의 사냥 모습 상상도.

호모 하이델베르겐시스가 사용한 연모는 별로 알려져 있지 않으나 영국의 50만 년 전의 박스그로브Box Grove유적에서는 주먹도끼가 출토되었다. 20만 년 전의 하이델베르겐시스는 새로이 연모를 제작하는 기술을 발전시켰는데 거북등날떼기(르발루와)가 그것으로 아프리카에서 처음 시작되어 유럽으로 퍼져 나갔다.

한편 스페인의 그란 돌리나 근처의 아타푸에르카의 시마 드 로스 후에소스Sima de los Huesos 동굴에서는 고인류와 동물의 뼈가 출토되었는 데 고인류의 뼈대는 어리거나 젊은 남녀의 것으로, 집단으로 병에 감염되어 돌연히 사망하거나 짧은 기간 동안에 죽어 묻힌 것이며 이들은 정신적으로나 문화적으로 환경에 적응했던 것으로 보인다.

이른시기 인류에 관한 중요 연구

이른 시기에 속하는 인류는 2.5백 만 년 전에 아프리카에서 처음 나타난다. 아프리카의 올드바이와 쿠비포라 등의 유적지에 발견된 연모와 많은 동물화석과 뼈조각들은 이들이 오스트랄로피테쿠스와는 다른 행위를 보여주고 있다. 또한 이들은 처음으로 아프리카를 떠나 아시아와 유럽지역으로 자신들의 영역을 확장하였으며 이런 행위는 이른시기 인류의 행위를 비롯한 여러 연구를 진행 시키는 기폭제가 되었다. 여기서는 고인류 연구의 중요한 대상인 언어의 기원과 인류의 두뇌 및 인류의 체모의 변화에 관한 학계의 연구 성과를 소개한다.

언어에 관한 해부학적 증거

언어는 인간만이 지니고 있는 특징이다. 인간은 언어를 통해 자신의 생각과 세계에 관한 지식을 서로 교환하고 다음 세대에 전달한다. 이렇게 언어는 인간만이 지닌 특징으로 학자들은 오랫동안 언어의 기원을 찾고자 노력하였다.

일단의 고인류학자들은 언어는 약 50,000~40,000년 전에 현생인류인 슬기사람부터 시작되었으며 갑자기 두뇌 구조에 생긴 돌연변이가 그 원인이며, 후기구석기시대에 꽃피었던 다양한 문화의 번성을 그 증거로 꼽는다. 이에 반해 고인류학계의 전통적인 견해는 언어가 거의 2백만 년 전 인류가 출현할 때부터 시작되었다고 주장해 왔다. 그러나 최근에 발달한 유전학의 연구는 전자의 가설이 더 설득력 있음을 보여준다.

전통적인 방법으로 언어의 시작이 언제였는지는 호미니드의 머리뼈 화석의 연구에 바탕을 두고 있다. 즉 머리뼈 안쪽에 새겨 있는 두뇌의 모양을 통해 두뇌의 기능을 가늠해 낼 수 있기 때문이다. 그러나 언어를 담당하는 구조가 두뇌에 있었는지, 그리고 있었다면 그 위치는 어디인지에 관해서는 의견의 차이를 보이고 있다. 언어를 담당하는 베르니크 부위가 두뇌 안쪽 어디에 자리하는지는 정확하게 알지 못한다. 전통적으로 브로카의 부위는 언어를 조절하는 운동의 중심기관으로 알려져 왔다. 그러나 최근에 진행된 연구에 따르면 언어를 담당하는 부위는 두뇌 여러 곳에 자리하며 일반적으로 브로카 부위는 다른 부위에 비해 운동기능이 좀 더 많을 뿐이라고 보고되고 있다.

한편 영장류를 연구하는 일부 학자들은 언어는 인류의 진화과정 중 이른 시기에 발달했다고 주장한다. 옛인류는 사회적 영장류로서 커다란 무리를 이루고 살았는데 무리 구성원을 함께 묶을 필요성이 생겼으며 그 과정에서 언어가 사회적인 연대감을 제공하는 역할을 했다는 것이다. 언어가 무리의 구성원을 묶는 수단으로, 더 정확히 말하면 발달된 소리에 의한 전달이 단지 으르렁거리는 수단보다는 필요한 지식을 교환하고 전달하는 데 더 유용했다는 것이다. 그러나 문제는 오늘날 커다란 무리를 지어 살며 소리로 의사를 교환하는 영장류가 인류와 같은 언어를 지니고 있지 않다는 점이다. 그럼에도 불구하고 동물 사회에서의 의사 전달 정도를 보면 인류의 언어는 사회 조직 내에서 시작됐음을 알 수 있다.

1980년대에 고인류학자들은 인류의 언어 발달은 아마도 두뇌의 발달과 불가분의 관계를 지니고 있으며, 인류의 두뇌는 2백만 년 전부터 점차 커지면서 발달해 왔기 때문에 전적으로 언어가 갑자기 두뇌에서 일어난 급격한 돌연변이에 의해 생겨났다고 보기는 어렵다고 생각하였다. 인류의 두뇌는 실제로 언어를 사용하기 전부터 이미 언어를 담당하기에 충분한 구조로 발달되었을 것으로 여겼다. 이른 시기 인류의 두뇌가 확장되는 것은 복잡한 인식을 조정하는 역할과 계산 그리고 언어와 같은 기능과 관련이 있다고 생각하여 언어는 플라이스토세 때에 두뇌의 확장과는 분리할 수 없이 동시에 발달했을 것으로 가늠하였다.

그러나 호미니드가 사용했을 언어는 고고학적 증거로 남아 있지 않다는 데에 문제가 있다. 비록 인류가 최초로 연모를 만들었을 때 언어도 함께 시작되었다고 주장하는 학자도 있지만 올도완이나 아슐리앙 같은 이른 시기에 연모를 제작한 인류의 경우, 기본이 되는 연모와 격지 제작 방법 이외에 새로운 기술의 혁신이나 이를 전파했다는 흔적을 찾을 수 없다. 더욱 중요한 점은 만일 언어가 일찍이 사용되어 의미를 전달하고 실제에 대한 상징적 의미를 담고 있다면 언어에 관한 고고학적 증거들은 왜 불과 50,000~40,000년 전부터 나타나는가 하는 점이다. 이 시기에 나타나는 연모들은 종류가 매우 다양하고 돌감과 모양, 기능 그리고 지역에 따른 유형에 따라 아마도 이런 형태의 새로운 문화를 발달시키고 보급하기 위해서 언어가 필요했을 것이다. 더불어 이 시기에 출현하는 동굴벽화와 지닐 예술품 등의 신사예술 또한 상징적 의미를 지니고 있다. 따라서 오늘날 우리가 생각하는 완전하게 발달한 통어론적 구조와 상징을 가진 음운적인 언어가 이 시기에 출현했다고 가늠된다.

위에서 설명한 내용들에 따르면 언어란 호미니드 중 단지 현생인류인 슬기사람만이 사용했을까 하는 의문이 제기된다. 적어도 현생인류와 가까운 사촌인 네안데르탈 사람도 언어를 지녔을 것으로 가늠되었다. 최근에 네안데르탈 사람도 언어를 사용할 수 있었다는 것을 증명해 줄 화석이 이스라엘의 케바라Kebara 유적에서 출토되었다. 거의 완전한 혀뼈Hyoid Bone의 발견이 그것인데, 케바라에서 출토된 혀뼈는 기본적으로 침팬지와는 다르고 현대인과 닮았다. 따라서 케바라에서 출토된 네안데르탈 사람은 현대인과 같은 성대를 지녔으며 현대인과 같은 범위의 언어를 사용할 수 있었다고 가늠된다.

최근의 유전학적 연구는 언어가 언제 시작 됐는지를 밝히는데 크게 도움이 된다. 언어에 관한 유전학적 연구는 인류게놈 프로젝트의 성과 중 하나이다. 인류의 언어는 FOX2라는 유전자가 담당하는 데 이 유전자는 아주 안정된 형태로 돌연변이가 별로 일어나지 않는다. FOX 유전자 가계는 재생인자로 알려진 동인(에이전트)을 만드는데 이 동인은 세포조절 시스템을 담당한다. 이 동인들이 DNA를 엮어 다른 유전자들의 활동과 재생을 담당한다. FOX2는 두뇌의 특별한 부위에서 태아가 성장 중에 작용하여 단백질을 생성하여 두뇌에서 언어를 담당하는 부위를 형성한다. 언어장애가 있는 사람의 경우 언어를 담당하는 부위 중에 하나인 브로커령에서는 신경세포가 정상보다 적으며 또 다른 언어 관장부위인 베르니크 부위에서는 정상보다 더 많다는 것이 밝혀졌다.

FOX2는 오래된 유전자로 심지어 쥐도 이 인자를 가지고 있다. 만일 인류의 경우 이 인자가 언어 능력과 연관이 있다면 아마도 이 유전자는 인류가계에서 중대한 방법으로 변화했음이 분명하다. FOX2인자는 매우 안정적인데 고릴라와 침팬지도 동일한 성질의 유전자를 지니고 있다. 연구에 의하면 7~5백만 년 전 유인원과 인류의 공통조상도 같은 유전자를 지니고 있다고 가늠되는데 이 유전자는 7천만 년부터 5백만 년 전 사이, 즉 6천 5백만년 사이에 단지 한번 변화가 있었다고 한다.

인류와 침팬지가 분화된 이후 인류가계에서 이 유전자의 진화가 갑자기 빠르게 촉진되었다. 인류가 지닌 FOX2 유전자를 가진 단백질의 경우 침팬지의 단백질과는 두 쌍의 결합이 다를 뿐인데 바로 이 두 쌍의 다른 결합이 언어 진화에 필요한 선택적 압박으로 가늠된다.

인류는 기본적으로 모두가 같은 버죤(판)의 FOX2 유전자를 가지고 있는 데 인류가 진화하는 과정에서 FOX2인자에 변이가 발생하였으며 이 유전자가 전 인류에 퍼져 나갔으며 이를 분석하면 가장 최근에 변이가 발생한 시기를 찾을 수 있다고 유전학자들의 연구가 밝히고 있다. 페보 Paabo같은 유전학자는 인류의 진화과정 중 마지막 변이는 약 20만년 이후에 발생하였다고 한다.

언어는 복잡한 기능을 지녔기에 많은 수의 유전자가 관련이 있으며 여러 단계를 거쳐서 만들어졌음에 틀림없다. 유전학자들은 FOX2 인자가 언어를 관장하며 마지막 변이가 현대인의 언어 발달에 마지막 단계라고 주장한다. 그리고 마지막 변이는 행위를 바탕으로 인류의 언어가 50,000년 전에 발생했으리라는 클라인R. Klein의 견해와 거의 일치함을 밝히고 있다.

인류 사회는 언어가 진화 중에 언어 능력이 다른 두 종류의 집단이 있었을 것으로 추측되는데 언어에 관련된 새로운 유전자 변이가 발생하면 언어 능력에 변화가 일어나는 데 언어능력이 좋은 사람이 자손을 더 잘 이어 갔을 것이다. FOX2같은 마지막 단계의 유전자가 인류조상 집단에 퍼지고 이런 과정에서 현대적 기능의 언어가 만들어지고 소유하게 되었다.

언어의 발생과 더불어 이해하기 어려운 것은 왜 언어가 진화했는가 하는 점이다. 언어는 자연선택의 대상이 아니라 이차적인 출현이라고 주장하는 가설이 있는데 스티븐 핑커Steven Pinker같은 언어학자는 언어란 특별한 적응 때문에 진화한다고 지적하였다. 이야기를 하거나 글로 나타내든 간에 언어는 오늘날 인류 사회에서 사용되며 과거 사회에도 존재했었다. 모든 언어들은 복잡한 문법과 어떤 비기능적인 규칙을 가지고 있으면서도 국제적으로 통용되는 규칙을 지니고 있다. 따라서 언어가 지닌 이런 특징은 문화 현상이 아닌 두뇌의 기능에 따른 인류의 본질적인 특징이라 할 수 있다.

인류의 두뇌

인류학자들은 인류의 진화과정 중 두뇌의 변화에 많은 관심을 가지고 있다. 두뇌의 크기는 지난 3백만 년 동안에 빠르게 변하였는데, 인류의 두뇌가 왜 진화했는지를 정확하게 설명할 수는 없으나 인류 화석을 통해서 언제 두뇌가 진화했는지를 가늠할 수 있다. 약 2백만~7십만 년 전 사이인 전기·중기 플라이스토세 시기에 인류의 두뇌는 2배로 확장되어 440cc 정도의 머리부피가 900cc 정도로 되었다. 이런 변화는 앞머리뼈와 뒷머리뼈 그리고 머리 밑면에 주로 영향을 끼쳤다. 머리 크기가 두 배로 확장된 것은 부분적으로 몸집이 커지는 것과 관계가 있으나 머리뼈가 커지는 비율과 정도는 자연선택이 특별히 머리 용량에 작용했기 때문이다.

인류 두뇌의 폭발적인 증가는 약 50만~10만 년 전 사이인 중기/후기 플라이스토세 사이에 일어난다. 바로 늦은 시기의 호모 하이델베르겐시스와 이른 시기의 슬기사람 단계의 일이다. 이 시기에 일어난 두뇌의 크기와 형태의 변화는 젖먹이동물의 진화 역사에서 가장 괄목할 만한 변화로 두뇌 용량의 증가뿐만 아니라 두뇌 구조가 급격하게 변하였으며, 머리뼈 중 앞머리뼈가 곧바로 서면서 앞머리뼈 부위Neurocranium의 성장이 급격하게 진행되었다. 윗머리뼈와 옆머리뼈도 팽창되었으며 뒷머리뼈는 둥글게 변하였다. 이후 후기 구석기시대부터 지금까지 인류의 머리뼈는 중요한 변화가 일어나지 않았는데, 현대인의 두뇌 무게는 평균 1.3kg으로 평균 용량은 1,350cc이다.

인류의 두뇌를 말할 때 네안데르탈 사람의 두뇌가 왜 현대인보다 큰 지가 고인류학 연구의 대상이었다. 만일 큰 머리를 가진 그들이 우수한 지능을 지녔다면 그들이 왜 절멸되었는지를 설명해야 한다. 이들의 절멸은 아마도 네안데르탈 사람의 큰 두뇌가 몸의 크기와 기온과 관련이 있기 때문으로 여겨진다. 후기 플라이스토세의 추운 기후에서 살았던 서부 유럽의 대표되는 네안데르탈 사람은 추운 기후에 적응하기 위해 비교적 큰 두뇌에 작은 키를 지녔으리라 가늠된다. 네안데르탈 사람 남자의 평균 두뇌 용량은 1,582cc이다. 오늘날 주민과 쎄매 주민 그리고 그린랜드의 이누이드 에스키모 주민처럼 위도 상 높은 지대에서 사는 주민들도 왜소한 사지뼈에 통통한 몸체, 그리고 커다란 두뇌용량을 지니고 있는 데 이런 모습은 네안데르탈 사람과 같은 환경에서 살고 있기 때문인 것으로 설명된다.

체모의 변화

8백~5백만 년 전 침팬지와 분화된 인류의 조상은 인류보다 유인원을 많이 닮았다. 그들의 몸은 유인원과 같은 몸의 비율을 지녔으며 긴 팔에 머리부터 발끝까지 털로 덮혀 있었지만 일하는 사람에 와서야 좀 더 인류다운 모습을 지녔다. 일하는 사람은 자신들의 조상과는 다르게 코가 튀어 나왔다. 튀어나온 코의 구조 때문에 일하는 사람은 덥고 메마른 기후에서 살기에 편리하였다. 즉 코는 코 안에서 수분을 서늘하게 보존하고 폐에 습기 찬 공기를 압축시키는 역할을 하였기 때문이다.

인류는 몸의 비율에 차이가 나면서 가장 중요한 변화는 몸에서 체모의 분포에 변화가 생겼다는 점이다. 오늘날 사람은 대부분의 경우 은밀한 부분 이외에 체모가 없다. 사람에게 왜 체모가 없는 지에 관해서는 여러 설명이 있는 데 젖먹이동물에게 털이 없다는 것은 특별한 경우에 국한된다. 예를 들어 물에서 산다던지 무더운 터널에서 사는 동물의 몸에는 털이 없다. 일하는 사람은 인류의 길로 접어 들면서 체모가 없는 몸을 지니게 되었는 데 이런 변화는 메마르고 더운 지역에 살기위해 체온을 떨어트려야 할 필요에 의해 생겨난 것이다. 사람의 경우 기본적으로 땀을 흘려야 한다. 몸에 땀이 난다는 것은 체온을 떨어트리는 유용한 수단으로 체모가 없는 몸은 더욱 좋은 조건에 해당한다. 한때 인류는 머리털이 없던 시기가 있었는데 사바나 지대에서의 열을 피하기 위해 나무 그늘이 이를 대신하였다.

인류에서 체모가 없어진 또 다른 원인은 아마도 성적선택 때문이라는 주장이다. 다윈은 짝짓기를 위한 성적선택이 인류 진화의 요소로 파악하였다. 그는 이른시기 인류의 경우 체모가 없으면 몸에 이Pediculidae(이과) 같은 기생충이 없으므로 짝짓기를 할 때 체모가 없는 상대를 더 선호 하였을 것으로 생각하였다. 한편 최근 인류진화의 원동력을 남녀 간의 성적관계로 파악하는 일단의 인류학자들은 성적관계를 맺을 때의 즐거움이 체모가 없는 맨 살일 때를 더 선호하여 사람은 체모를 지니고 있을 필요성이 없어졌다고 설명한다.

고고학자들은 단순히 인류에게서 털이 없어진 시기가 일하는 사람의 출현과 함께라고 말하고 있지만 정확한 시기는 유전학자들에 의해 제시되고 있다. 바로 아프리카와 유럽 및 아시아에 사는 사람들의 피부색을 결정하는 멜라노코틴 리셉터Melanocortin Receptor라는 단백질의 DNA를 분석하여 그 시기를 가늠한 것이다.

멜라노코틴 리셉터의 분석 결과 아프리카에서는 리셉터의 유전자가 일정하게 나타는 점으로 보아 자연선택이 심하게 일어나지 않았음을 알 수 있다. 아프리카에서 사는 사람의 유전자는 최대한 피부에 검은색을 띠게 하였다. 그러나 DNA 배열에 변화가 일어난다면 피부가 좀 더 밝은 색을 띠게 될 것이고 밝은 색의 피부를 지닌 개체는 출산과 관련이 있는 폴산Folic Acid으로 알려진 주요 영양소를 파괴하는 자외선에 노출되었을 것이다. 그 결과 멜라노코틴 리셉터에 변화가 생긴 개체는 다음 세대로 자신의 유전자를 전할 수 없게 된다. 따라서 아프리카에서 사는 사람에게서는 유전자의 변화가 일어나지 않는다. 인류의 조상이 체모를 잃기 전에는 침팬지처럼 아마도 그들의 피부는 창백했을 것이다. 침팬지도 멜라노코틴 리셉터 인자가 있지만 자연선택이 인류에서처럼 적용되지 않았기에 창백한 피부를 지니고 있다.

아프리카에 사는 사람들의 경우 어떻게 검은 피부를 지니게 되었을까? 인류 진화 과정 중 이들은 처음 유인원같이 털이 없어질 때 위험천만하게 창백한 피부가 노출되었다. 이때 검은 피부를 만드는 멜라니코틴 리셉터의 유전자에 돌연변이가 발생하여 이 유전자를 지닌 개체가 생존에 유리하게 되었다. 이에 따라 세월이 지나면서 검은 피부를 지닌 유전자가 아프리카의 집단을 대표하게 되었다.

현재 발달한 유전학적 기술은 한 집단이 언제 유전적으로 완전히 변하였는지에 대해 두드러진 돌연변이Salient Mutation의 변화를 바탕으로 계산할 수 있다. 아프리카에서 멜라노코틴 리셉토 유전자의 두드러진 변화 중 가장 최근에 일어난 것이 1.2백만 년 전으로 알려져 있다. 물론 1.2백만년 진 보다 이른 시기에 멜라노코틴 리셉토의 변화보다 더 효과적인 유전적 변화가 여러 차례 있었을 것으로 가늠된다. 이런 유전적 변화들이 유인원-인류의 공통조상이 지닌 창백한 피부를 검게 변화시켜 털이 없는 인류가 아프리카의 그늘이 없는 사바나의 태양 아래서 생존할 수 있게 만들었다. 지금까지의 고고학 증거들을 종합하면 이런 유전적 대변화가 최초로 일어난 것은 1.7백만 년 전 일하는 사람의 출현과 같이했음을 알 수 있다.

인류가 처음 아프리카 대륙을 벗어나자 멜라노코틴 리셉터 유전자는 다시 한번 돌연변이를 경험하며 인류는 검은 피부보다는 밝은 피부가 필요하였다. 인류가 북반부의 추운 지방으로 이주하면서 구루병을 예방하기 위해 비타민 D의 수요가 증가하면서 더 많은 햇빛을 필요로 하게 되었다. 오늘날 지구상의 모든 여성은 남성보다 3~4% 정도 피부가 밝은 데 이는 비타민 D가 그만큼 모자라기 때문이다.

또 다른 인류학적 관심은 인류의 머리털 성장에 관한 것이다. 인류의 머리털은 유인원에 비해 계속해서 자란다. 침팬지의 경우 모발은 자라는 기간이 분명하게 정해져 있어 몇 주간이 지나면 더 이상 자라지 않는다. 이에 비해 인류는 몇 주건 몇 년이건 계속해서 자란다.

오늘날 지구상의 모든 사회에서 사람들은 자신들의 방법으로 머리를 손질하는데 이를 통해 많은 정보를 얻을 수 있다. 예를 들어 덥수룩한 머리는 사회에서 추방당하거나 또는 깊은 슬픔에 잠겨 있는 경우를 의미한다. 다듬은 머리를 통해 본인의 건강과 부의 정도 및 사회적 신분을 알 수도 있다. 이렇게 인류는 유인원들이 스스로 머리를 치장하는 것과는 다르게 세속적인 관심과 필요에 의해 머리모양을 가꾸고 수염 등을 기른다.

유전학자들은 언제부터 인류가 머리를 가꾸기 시작했는지를 계산하였다. 머리털에 있는 단백질인 케라틴은 아주 다양한 데 각각의 케라틴은 유전자에 의해 구분된다. 인류와 침팬지 및 고릴라는 많은 수의 같은 케라틴 유전자를 지니고 있지만 특별히 한 개의 유전자가 다르게 작용한다. PhihHaA 유전자가 그것인데 이 유전자는 침팬지와 고릴라에서는 케라틴 단백질을 만드는데 필요하지만 사람의 경우는 이와 다르다.

아직 인류의 머리털의 성장에 관한 유전적 조절의 내용을 알 수 없지만, PhihHaA 유전자의 비활동성에 대한 연구는 인류와 유인원에서 왜 다르게 나타나는 지를 알려주는 한 방편이 된다. 인류와 유인원의 유전자에서 진행된 돌연변이를 비교 결과 200,000년 전에 비활동성이 인류에서 나타났다고 한다. 이 연대는 일하는 사람이 절멸한 후 오랜시간이 흐른 뒤로 인류가 우리의 모습과 같은 체질적 특징을 갖추었을 때이다.

늦은시기의 호모

인류과Hominidae를 구성하는 인류 속 Genus '*Homo*'에 속하는 종들은 모두 8 종으로 알려졌는데, 이 중 늦은 시기에 속하는 호모는 호모 네안데르탈렌시스(네안데르탈 사람)*Homo neanderthalensis* 그리고 호모 사피엔스(슬기사람)*Homo sapiens*, 호모 플로레시앤시스*Homo floresiensis* 등이 그것이다

네안데르탈 사람 *Homo neanderthalensis*

늦은 시기의 호모는 주로 호모 하이델베르겐시스의 후손인 네안데르탈 사람과 현생인류인 슬기사람을 말한다. 네안데르탈 사람은 거의 20만년 전에 출현하여 주로 13만 년 전부터 35,000년까지 현생인류인 슬기사람 바로 전 단계에 살았던 조상으로 이른 시기의 슬기사람Antomically *Homo sapiens*과 같은 시기에 살기도 하였다. 네안데르탈 사람이 살았던 지역은 지중해 주변지역으로 서쪽으로 스페인으로부터 동쪽으로 카스피 바다까지이며 중동지방에서는 터키와 이란, 이라크가 여기에 포함된다.

네안데르탈 사람은 인류의 진화과정 중의 한 구성원이지만 해부학적 특징이나 시간적으로 슬기사람과는 다른 모습을 보인다. 그럼에도 불구하고 네안데르탈 사람은 생김새와 행위에서 슬기사람을 많이 닮았으며 어느 면에서는 슬기사람보다 더 발달한 모습을 보여 주고 있다. 그러므로 슬기사람과 많은 점에서 닮은 특징을 보이는 생김새와 행위 때문에 네안데르탈 사람은 가끔 슬기사람의 직접 조상으로 인식되기도 하였다.

그림 16. 네안데르탈 사람 화석이 출토된 유적들. 이들의 화석은 지중해 주변지역에서 발견된다. 상자 안의 유적은 프랑스의 도류도뉴 지방의 유적을 나타낸다.

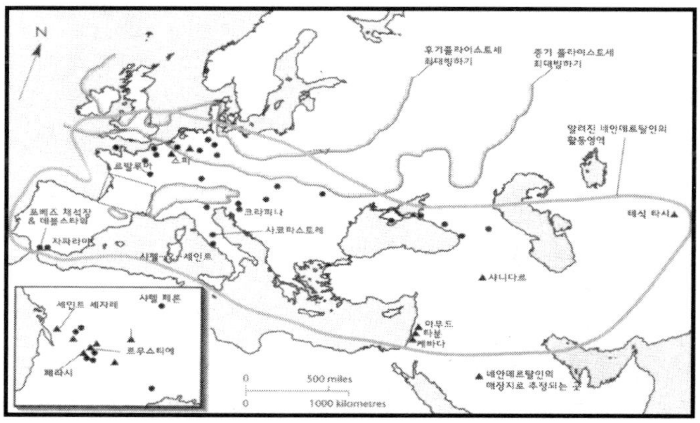

네안데르탈 사람의 발견은 최초로 찾아진 인류의 조상이며 슬기사람과 비교될 만큼 대중에게 널리 알려진 인류라는 점에서 고인류학적으로 매우 중요한 업적 중의 하나로 평가된다. 그러나 무엇보다 중요한 것은 이들이 인류 진화에 관한 최초의 과학적 증거이며 이들의 화석이 발견된 시기가 진화에 관한 개념이 학계와 일반사회에서 뜨겁게 논의될 때라는 점이다.

유럽에서는 1829년 벨기에 리에쥬의 엥기스 Engis동굴에서 처음 발견된 네안데르탈 어린아이의 화석을 시작으로 1920년까지 많은 화석이 알려졌다. 프랑스의 샤뻬엘 오 쌩La Chapelle-Aux-Saint, 무스띠에Le Moustier, 펠라시La Ferrassie, 끼나La Quina 등에서 중요한 화석들이 발견되며 이 화석들은 오늘날 네안데르탈 사람의 행위까지도 밝혀주는 유명한 화석들이다.

1920년 이후 유적을 정밀 발굴하면서 점차 유적의 발견이 줄어든다. 이후 발견된 중요 유적으로는 크리미아의 키크 코바Kiik-Koba 동굴과 헝가리의 수발육Subalyuk 동굴, 독일의 에링스도르프 샘 Ehringsdorf Spring유적, 이태리의 싸코파스토레Saccopastore 양달유적과 구아타리Guattari 동굴 그리고 프랑스의 르구르드Regourdou, 오르뛰스Hortus, 쌩 세제르Saint Cesaire 등을 들 수 있다. 1930년대에 발굴은 서아시아로까지 확대되어 이스라엘 지역의 타분Tabun 동굴과 우즈베키스탄의 테식타쉬Teshik Tash 동굴이 발굴되었다. 1953~ 60년까지는 이라크의 샤니다르Shanidar 동굴과 이스라엘의 아무드Amud와 케바라Kebara 동굴이 발굴되어 지금까지 유럽 전역에서는 70개 이상의 유적에서 280여 개체 이상의 네안데르탈 사람의 화석이 찾아졌다.

네안데르탈 사람의 해부학적 특징

슬기사람과 가까운 인류로 비교되는 네안데르탈 사람의 화석은 다른 인류에 비해 발견된 화석의 예가 많아 해부학적 특징과 비교 연구가 잘 이루어져 있다. 네안데르탈 사람의 해부학적 특징은 프랑스의 페라시 유적과 이스라엘의 아무드 유적에서 출토된 화석을 바탕으로 한다.

머리뼈의 경우 길쭉하고 낮은 머리와 튼머리Bunn, 커다란 머리통, 곧바른 위 얼굴과 송곳니 파임이 없는 위턱, 그리고 커다란 코굼, 앞으로 튀어나온 가운얼굴은 대부분 얼굴 가운부분의 구조와 관련이 있다. 턱이 없는 아래턱과 어금니 뒤 빈공간도 특징 중 하나이다. 큰 골반의 산도와 휘인 앞팔뼈와 허벅지뼈가 특징이다.

지금까지 네안데르탈 사람들의 해부학적 특징에 대해서 많은 연구들이 이루어졌는데, 네안데르탈 사람이 지닌 특징으로는 낮고 긴 머리에 튼머리가 있다. 이런 머리뼈의 특징은 태어난 후 상대적으로 머리통이 성장하는 속도에 비해 두뇌의 성장속도가 느리기 때문에 생겨나는 모습이다. 이렇게 두뇌의 성장 속도가 느리다는 것은 지적 능력의 성장과 발달이 지체됨을 의미한다. 그러나 전체적으로 볼 때, 네안데르탈 사람은 전 단계의 인류에 비해 커다란 머리를 지니고 있는

데 이는 인류 진화 과정 중 슬기사람으로 가까이 올수록 두뇌가 증가하는 경향을 보이는 증거가 된다. 그러므로 네안데르탈 사람은 작은 두뇌를 지닌 전 단계의 인류 보다는 더 발달한 지능을 지니고 있다.

그림 17. 1908년 마세린 부울Marcellin Boule에 의해 복원된 네안데르탈 사람의 복원도.

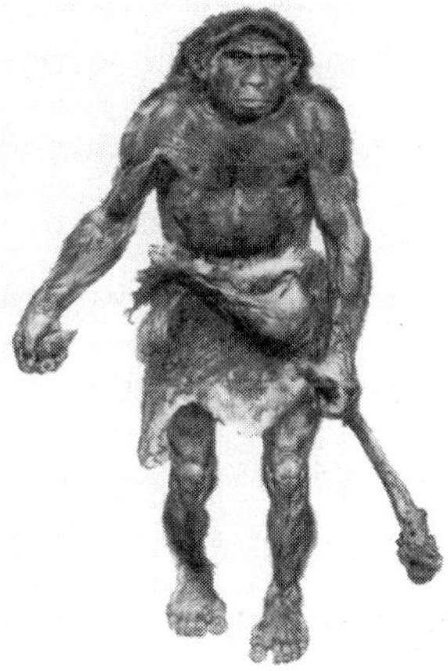

네안데르탈 사람의 머리가 슬기사람보다 큰 이유에 대해 여러 가지 연구가 있는데 그 중 환경이 중요한 요인으로 알려져 있다. 즉 추운 기후조건에 살던 네안데르탈 사람의 두뇌에서는 신진대사의 활동이 왕성했기 때문에 그로 인해 머리가 커졌다는 설명이다. 또 몸체의 크기에 비해 근육과 뼈대의 양이 더 많기 때문이라는 설명도 있다. 그러나 어느 한 가지 요인이 우선이라기 보다는 위에서 언급된 요인들이 복합적으로 작용했기 때문이라는 설명이 더 설득력을 가진다.

네안데르탈 사람들의 두뇌를 연구한 학자들에 따르면 이들의 두뇌구조는 현대인과 같은 유형이라고 한다. 즉 왼쪽 뒷머리뼈 엽Lobe이 오른쪽보다 더 크고 오른쪽 앞머리뼈 엽이 왼쪽보다 더 큰 데 이런 형태의 두뇌 구조를 가진 현대인들이 오른손잡이임을 감안한다면 네안데르탈 사람들도 같은 유형을 지녔으리라고 생각된다. 한편 네안데르탈 사람들은 머리뼈의 밑 부분 구조가 비교적 평평하기 때문에 이들에게는 현대인처럼 완전한 소리를 낼 수 있는 능력은 없었던 것으로 보인다.

네안데르탈 사람이 지닌 또 다른 해부학적 특징은 얼굴에 있는데 앞으로 튀어나온 얼굴과 턱 그리고 커다란 앞니가 그것이다. 이들의 앞니는 음식을 씹는 기능이 아닌 물건을 꽉 물고 있는 기능을 했던 것으로 가늠된다. 나이 든 네안데르탈 사람의 앞니의 입술 쪽 부분이 둥글게 닳은 것도 앞니를 사용했기 때문이다. 생체 역학적으로 볼 때 저작기능이 아닌 용도로 앞니를 계속해서 습관적으로 사용하면 얼굴 전면에 힘이 실리며, 그 결과 기다란 얼굴에 잘 발달된 눈두덩 그리고 길고 낮은 형태의 머리뼈가 형성되고 뒷머리·꼭지뼈 부위에 붙는 근육이 발달하게 된다. 따라서 네안데르탈 사람들이 지닌 대표적인 특징은 환경에 의한 직접적인 영향이라기보다는 기능에 따른 결과라는 설명이 더 적절하다.

이렇게 네안데르탈 사람의 모습 중 앞으로 튀어나온 얼굴에 대해서는 '추운 기후에 적응하기 위해서'라는 가설과 '서서히 팽창한 커다란 코굼Paranasal sinus 때문'이라는 가설 그리고 '음식을 씹을 때 앞 이빨에 걸리는 힘 때문'이라는 가설이 대표적인 설명이다. 이 세 개의 가설은 아마도 그 요인이 서로 관련이 있는 것으로 여겨지는데, 예를 들어 코굼이 커진 것은 후기 플라이스토세의 춥고 메마른 기후에서 격렬한 활동을 할 때 요구되는 부족한 습기를 충당하기 위한 생리적 요구의 적응 결과로 생각된다. 또한 앞니에 힘이 실리기 때문에 그 힘을 지탱해주기 위해서 얼굴이 앞으로 돌출 되었을 것으로 생각되며 어금니는 앞니에 비해 작아졌는데 이는 아마도 중기·후기 플라이스토세 중에 각기 서로 다르게 진화해 가는 과정에서 생겨난 변화로 보여진다. 분명한 사실은 네안데르탈 사람의 앞니가 옆니 및 어금니와는 다르게 선택적인 압박을 받았다는 것이다.

네안데르탈 사람의 특징 중 하나인 골반의 경우 산도(자궁에서 아이가 통과하는 관)는 슬기사람과 비교해 볼 때 큰 편인데 이는 네안데르탈 아이가 슬기사람에 비해 큰 머리와 짧은 몸체를 지녔기 때문으로 생각된다. 이때 네안데르탈 아이의 머리가 큰 이유는 아이의 두뇌성장이 태반에서 빠르게 진행되었거나 또는 발육기간이 현생인류에 비해서 길기 때문이라고 설명되고 있다. 그러나 이스라엘의 케바라에서 출토된 네안데르탈 사람 골반의 경우 현대 사람의 것과 비교해 그리 큰 차이가 없다. 따라서 네안데르탈 사람의 골반 특징은 자식을 생산하는 데서 오는 결과라기보다는 단지 네안데르탈 사람이 지닌 습관적인 자세와 걷기 방법에 따른 차이로도 설명되고 있다.

사지뼈의 경우 특히 근육이 매우 발달했고 앞팔뼈와 허벅지뼈가 휘어져 있는 데 휘어진 앞팔뼈는 물건을 잡는데 힘을 발휘하기 위해서이며 몸체가 두텁고 휘어진 허벅지뼈는 오랫동안 걸을 때 유리하게 작용하기 때문이다. 한편 앞팔뼈와 다리뼈가 다른 사지뼈들과 비교해 볼 때 상대적으로 짧은데 이는 알렌의 법칙에서 볼 수 있듯이 네안데르탈 사람들이 추운 환경에 적응하며 살았기 때문인 것으로 보여진다.

네안데르탈 사람의 문화와 삶

일반으로 네안데르탈 사람이 담당한 문화시기를 중기구석기시대Middle Paleolithic Age라고 하나 엄밀히 말해 중기구석기시대의 연모는 무스테리앙Mousterian 연모와 동아시아와 아프리카에서 출토된 연모 중 상고안Sangoan과 파우레스미스Fauresmith에서 출토된 유형의 연모를 다 포함하는 개념으로 쓰인다.

무스테리앙 문화는 200,000~40,000년 전 까지 지속된 구석기문화로 프랑스의 무스띠에 유적에서 따온 이름이다. 몸돌에서 떼어낸 격지를 한쪽 면이나 양 면을 손질하여 특별한 용도에 맞는 연모로 제작되었다. 연모는 동물을 도살하거나 나무를 다루는 데 이용되었으며 뼈와 뿔에 문양을 새겼고 처음으로 찌르개의 잡이도 사용되었다.

네안데르탈 사람이 사냥꾼이었는 지 아니면 주어먹기를 했는 지는 논쟁 중이나 이들은 후기 플라이스토세에 풍부했던 순록과 사슴, 영양, 옛소, 털코뿔소 그리고 들소 같은 초식성 동물을 먹이로 하였다. 20~30여명이 무리를 지어 동굴에서 살았기에 혈거인으로 알려져 있다.

네안데르탈 사람의 경우 뼈가 깨졌거나 부상에서 회복된 것들이 다수 보이는 데 이는 사냥이나 기타 험한 일을 하는 과정에서 생긴 것이며 일부는 심하게 부상당하여 다른 구성원들의 도움으로 살았던 것으로 보인다. 여러 유적에서 발견된 네안데르탈 사람의 뼈가 불에 타고 자른 흔적들이 있는 점으로 보아 이들에게 식인습속이 있었을 것으로 가늠된다. 머리 용량은 슬기사람과 같거나 더 크지만 행위는 아주 다르다. 이들은 해부학상 슬기사람이 사용한 것과 같은 종류의 연모를 사용했으며 죽은 자는 주로 살고있던 동굴에 얕게 묻었다. 그러나 죽은 자를 위한 의식이 있었는 지는 분명치 않으나 네안데르탈 사람은 그 이유를 알 수는 없지만 죽은 자를 매장한 최초의 선사인류이다. 이란의 샤니다르 동굴에서 꽃가루와 함께 화석이 출토되어 한때 죽은 자를 위한 의식이 있었다고 생각했으나 이와 비슷한 유적을 발굴한 결과 설치류가 벌통을 가지고 들어 온 것으로 밝혀졌다.

네안데르탈 사람은 사회적 결합이 약했으며, 근동지방에서는 100,000년 전에 해부학상 슬기사람을 몰아냈지만 45,000년 전에 자신들의 영역에 출현한 슬기사람보다는 모든 면에서 뒤떨어졌다. 유럽에서는 한 때 네안데르탈 사람이 동굴곰 신앙을 가졌다고 알려져 있었다. 유럽의 각지에서 수많은 동굴곰*Ursus spelaeus*의 뼈가 발견되었기 때문이다. 그러나 동굴곰은 자연적으로 동면 중에 죽은 것으로 밝혀졌다.

네안데르탈 사람은 언어가 있었는 지도 중요 연구대상이었다. 한 때 네안데르탈 사람의 머리뼈 구조를 연구한 학자들은 후두개가 높이 자리하고 머리밑면에 굴곡이 없는 점으로 보아 이들은 사람보다 유인원 쪽에 가까운 성대를 지녔다고 생각하였다. 그러나 이스라엘의 케바라에서 발견된 혀뼈가 슬기사람과 닮은 점으로 보아 네안데르탈 사람은 일부 모음을 제외하고 거의 모든 소리를 낼 수 있었을 것으로 가늠된다.

네안데르탈사람은 혹독한 자연환경에 잘 적응하며 살았던 선사인류였으나 35,000년 전, 빠르게 우리 자신인 슬기사람에게 자리를 넘겨주고 진화의 뒤안길로 사라졌다.

현생인류인 슬기사람 *Homo sapiens*의 발자취

고인류학계의 중요 연구 중 하나는 "현생인류인 슬기사람은 언제, 어디서 출현했을 까?" 하는 데 있다. 최근의 고고학적, 고인류학적 및 유전학적 연구에 따르면 200,000~150,000년 전에 처음으로 남아프리카에서 출현한 인류는 비록 모습은 슬기사람을 닮았지만 이들을 슬기사람이라고 하지 않고 해부학상 슬기사람 Antomically *Homo sapiens* or Modern man라고 한다. 이에 반해 60,000~50,000년 전에 동아프리카를 떠나 유럽과 아시아로 퍼져나간 인류를 현생인류인 슬기사람*Homo sapiens* or Modern man으로 정의한다. 이들이 바로 고고학자들이 슬기사람으로 분류한 오늘날 사냥-채집인과 비슷한 행위를 지닌 선사인류이다.

슬기사람이 출현하기 이전부터 이미 인류의 해부학상 모습과 행위는 조금씩 진화해 왔다. 그러나 슬기사람 단계에 오면 기본적으로 인류의 해부학적 특징은 완성된 모습을 보이고 문화는 극적으로 변화하기 시작했다. 특히 60,000~50,000년 전 아프리카를 떠나 유럽과 아시아로 이주한 슬기사람의 두뇌는 오늘날과 같은 정도의 문화발달을 가능하게 하였고 이들이 이룩한 문화는 자연으로부터의 압박을 극복하기에 충분하였다. 문화는 인류가 신체적으로 환경에 적응하는 것보다 더 빨리 발달하였으며, 문화의 변화는 인류의 생물학적 변화보다 더 빠르게 진행되었다. 그 결과 인류는 아주 짧은 기간에 자신을 지구에서 가장 성공한 존재로 변모 시킬 수가 있었다.

슬기사람의 특징

현생인류인 슬기사람으로 분류하려면 어떤 특징을 지녀야 하는가? 하는 질문의 답이 슬기사람이냐 또는 아니냐를 가늠하는 기준이 된다. 이때 기준은 행위의 복잡성에 있는데 이는 슬기사람으로 나아가는 주요한 발걸음이기 때문이다. 슬기사람에 관한 이야기는 45,000년 경 유럽에서 찾아진다.

그림 18. 창던지기를 이용하여 사냥을 하는 후기구석기사람.

유럽 전역에서 네안데르탈 사람의 연모는 새롭고 더 창의적인 연모로 대체되는 데 이 연모들은 뼈와 뿔 그리고 상아들로 만들어졌다. 이 연모의 주인공들은 짐승의 이빨과 조가비 및 상아로 만든 개인 치레거리를 지니고 있었다. 또한 이들은 새의 뼈로 피리를 만들었다. 사냥에서 사용되는 사냥돌의 기술도 진일보하였다. 이들은 규모가 크고 위험한 사냥도 마다않는 욕심 많은 사냥꾼이었다. 죽은 자를 매장했으며 집단의 규모도 커졌다. 이들은 먼 거리에 사는 사람들과 교역도 하였다.

슬기사람이 지닌 이런 새로운 문화를 후기구석기문화Upper Paleolithic Culture라고 한다. 일부 고고학자들은 후기구석기문화는 네안데르탈 사람이나 또는 네안데르탈 사람과 슬기사람과의 합작으로 생겨났다고 주장하나 대부분의 학자들은 이 문화는 수 천 년 동안 네안데르탈 사람을 대신한 슬기사람에 의해 유럽으로 퍼져 나갔다고 믿고 있다. 슬기사람은 적어도 60,000~50,000년 전 아프리카의 후기 석기시대에 처음 나타났으며 이후 아프리카를 떠나 유럽에 도달하였다. 고고학 증거에 기초한 이 해석은 최근에 유전학적 연구의 지지를 받고 있다.

아프리카에서는 150,000~100,000년 전에 해부학상 슬기사람이 생겨나고 60,000~50,000 년 전에 슬기사람이 나타났다. 이렇게 "인류의 진화과정 중 이런 중요한 전환은 왜 일어났을까?" 라는 질문에 고고학자들은 문화가 바뀌었기 때문이라고 한다. 그러나 인류 진화의 오랜 과정을 연구하는 고인류학자들은 체질적인 모습이 진화과정 중 유전적 변화가 일어나 새로운 모습으로 변했기 때문인 것으로 파악하고 있다. 즉 슬기사람이 지닌 새로운 문화를 이루어 낼 수 있는 가능성은 유전적 변화에서 기인한다고 한다.

4.4백만 년 전 오스트랄로피테사인스를 두 발로 걸을 수 있게 한 것은 문화의 변화가 아니라 유전적 변화 때문이다. 2.5백만 년 전 일어난 유전적 변화로 인해 오스트랄로피테사인스 대신에 큰 두뇌에 연모를 만드는 손쓴사람이 출현하였다. 인류의 진화과정 중 세 번째 유전적 변화로

1.7백만 전에 일하는 사람의 출현을 들 수 있으며 아마도 이 시기에 일부일처로의 사회제도가 만들어졌다고 가늠된다. 네 번째 변화는 60,00~50,000년 전에 일어났는데 현생인류인 슬기사람의 출현이 그것이다.

유전적 대변화는 분명히 인류의 사회행위와 기술 등에 엄청난 영향을 끼친 괄목할 만한 능력을 인류에게 주었는데 언어의 출현이 그 중 하나이다. 사회생활에서 자신의 정확한 생각을 남에게 전달 할 수 있는 능력보다 중요한 것은 없다. 언어는 작은 집단내에서 서로의 관계를 더욱 공고히 하고 집단이 지닌 지식과 기술을 전달하는 통로 역할을 해 주었다. 언어의 발달을 통해 인류는 유인원과 구분되며 진정한 사회적 동물로 자리매김하였다.

인류에게 언어는 언제 나타났을까? 슬기사람은 아프리카를 떠나기 전에 말을 할 수 있었으며, 이런 변화는 50,000년 전 어느 시점에서 돌연히 일어났다고 고인류학자인 리챠드 클라인은 주장한다. 그는 고고학 자료에 기초해서 인류에서 복잡한 행위가 나타는 것은 언어의 진화와 관련이 있고 해부학상 슬기사람에서 슬기사람으로 진화하는 과정에서 발생한 것으로 파악하고 있다. 그의 주장은 최근에 발달한 유전학의 지지를 받고 있다.

언어의 출현에 대한 클라인의 주장을 모든 학자들이 지지하는 것은 아니다. 즉 언어는 어느 시기에 출현한 것이 아니라 중기 석기시대에 행위들이 슬기사람의 행위로 점진적으로 축적되어 가는 과정에서 출현했다는 것이다. 즉 언어는 출현은 아마도 두뇌의 발달과 관계를 지니고 있으며, 인류의 두뇌는 실제로 언어를 사용하기 전부터 이미 언어를 담당하기에 충분한 구조를 발달시켰을 것이라는 주장이다.

해부학상 슬기사람 Anatomically *Homo sapiens*

아프리카의 중기구석기문화 담당자들은 왜 자신의 조상처럼 아프리카 대륙을 떠나지 않았을까?. 이들은 아마도 고향을 떠날 필요를 느끼지 못한 것으로 여겨지며 100,000년 전까지도 아프리카에서 살던 해부학상 슬기사람은 유럽의 네안데르탈 사람과 아시아의 곧선사람이 사용하던 것과 같은 연모를 사용하였다. 이들은 분명히 네안데르탈 사람의 삶을 넘어서는 경쟁적인 삶의 필요성을 느끼지 못했기 때문이다.

빙하기 중에 따뜻한 기후가 도래하던 125,000전부터 90,000년 전 사이에 아프리카에서 인류의 이동이 시작되어 아프리카와 아시아의 변경인 이스라엘에까지 도달하였다. 동아프리카의 오모 Omo와 중동지역의 카프체Quafzeh 및 타분Tabun 등의 유적에서 출토된 화석들이 그 예이다. 그러나 추운 시기가 도래한 80,000년 전 부터 70,000년 전까지 네안데르탈 사람은 자신들의 영역을 서아시아 남쪽까지 확대하였고 선주민인 해부학상 슬기사람을 멸종시킨 것으로 보인다. 20만 년 전부터 60,000~50,000년 전까지 아프리카 중기 구석기시대에 살던 인류는 일하는 사람의 후손보다는 좀 더 발달한 형태이거나 거의 비슷한 형태의 삶을 살았다. 그들은 먼 지역과 교환을 해서 돌감을 얻은 것이 아니라 그들이 살던 지역에서 구했으며 간단한 사회연대를 이루었다. 이들은 아직까지 뼈와 상아 및 조가비 등을 이용하여 연모를 만들지는 못했다. 이들은 훌륭한 사냥꾼도 아니고 어로활동도 하지 못했으며 인구 수도 적었다. 네안데르탈 사람처럼 중기 구석기시대의 주민은 간단히 죽은 자를 매장 했으며 어디에 사용했는지는 모르나 물감의 재료를 모았다. 그러나 이들은 예술이나 치장물 등을 남기지 않았다.

이런 형태의 행위는 오랫동안 변하지 않았으나 인류의 모습은 빠르게 변하였다. 아프리카에서 인류가 처음으로 현재의 모습을 갖춘 것은 200,000년 전이다. 가장 오래된 화석은 이티오피아의 키비쉬 출토 화석으로 195,000년 전의 연대를 지니고 있지만 새로운 모습의 인류는 100,000년 전에 처음 나타나고 있다

유럽의 경우 현생인류인 슬기사람의 등장으로 인해 10여 만 년 이상을 유럽에서 살아온 네안데르탈 사람은 갑자기 이 지역에서 사라진다. 유럽에서 중기구석기문화에서 후기구석기문화로의 변화는 이미 45,000~40,000년 전부터 시작되는데 이런 변화는 후기구석기문화를 가진 슬기사람의 출현 때문인 것으로 설명된다. 한편 유럽과 기타 지역에서는 짧은 시간이나마 네안데르탈 사람의 무스테리앙 문화와 슬기사람의 문화가 겹쳐서 나타나는 것을 볼 수 있다.

고고학과 고인류학에서 사용되는 크로마뇽이란 이름은 엄밀히 말해 35,000~10,000년 전 사이에 남서 프랑스 지역에서 후기 구석기문화를 담당했던 선사 인류를 의미하나 이 말은 일반적으로 40,000년 전 전후한 시기에 지구에 나타난 늦은 시기의 슬기사람을 총칭하는 의미로 사용된다.

슬기사람의 정착생활

35,000년 전을 전후해서 네안데르탈 사람은 유럽에서 사라지고, 백만 년 전 훨씬 이전에 아프리카를 떠나 세상으로 나온 일하는 사람의 후손인 곧선사람은 인도네시아 플로레스의 숲에 자신의 흔적을 남겼을 뿐 진화의 자리를 슬기사람에게 자리를 내어 주었다. 그러나 변한 것은 아무것도 없었다. 슬기사람도 자신들이 몰아낸 선주민처럼 자연에서 사는 방랑자일 뿐이었다. 그들은 단지 돌연모와 뼈연모 및 상아로 만든 치레거리와 동굴 벽화만을 우리에게 남겨 놓았다. 그러나 이들은 수렵-채집인으로 문명사회로 가는 전환 시기에 살았다. 이를 위해 방랑생활을 접고 공동사회를 만들었으며 정착생활은 그들의 삶에 엄청난 변화를 가져 왔다;

수렵-채집 생활에서 정착생활로 전환한 까닭은 무엇일까? 왜 슬기사람은 35,000년 이라는 긴

시간을 들판에서 보낸 뒤에야 정착생활과 문명의 이점을 알았을까? 피그미 같은 몸집은 숲속이라는 환경에서 사는 인류에게 일어난 진화의 결과인 것처럼, 정착생활을 하기 위해서는 사람들도 행위의 변화가 요구되었을 것이다. 정착은 자연적인 요구처럼 보이나 실상은 수렵-채집인들의 삶을 재조정해야 하는 어려운 일이었다. 처음에 이들은 낯선 삶의 방식에 익숙해져야 했으니 자유로운 생활을 버려야 했고, 함께 지내기 싫은 구성원과도 지내야 했다. 계급이 있는 사회로 변함에 규칙에 따라야 했으며 사회질서를 위해 평등한 삶의 방법도 다 포기해야 했다.

이렇게 정착생활을 위하여 필요한 유전적 변화가 일어났는지는 알 수 없지만 정착사회의 출현은 인류 진화에 중요한 사건이었다. 고고학자들에 따르면 60,000~50,000년부터 15,000년 전 사이에 최초의 정착사회가 출현하여 농경사회로 향하는 전초가 되었으며 약 10,000년 전 농경사회가 증가하면서 정착사회가 확고하게 인류의 역사에 자리하였다고 한다. 45,000년 전부터 10,000년 전 사이는 후기구석기시대라고 구분하고 10,000년 전에는 신석기시대의 시작으로 농경이 시작된다. 이렇게 후기구석기시대로부터 신석기시대로의 전환은 기후의 변화와 같이 진행되었다. 아프리카와 오스트레일리아 및 아시아에 슬기사람인 인류가 출현한 것은 60,000~50,000년 전부터 15,000년 전 사이이다. 유럽과 동아시아는 지리적으로 멀리 떨어져 있어도 후기구석기시대 주민들은 같은 삶의 방법을 지녔으며 유라시아 초원에서 같은 종류의 동물을 사냥하고 기후의 변화를 경험하였다. 후기구석기시대가 시작되면서 인도에 처음 도달한 슬기사람 중 X인자를 가진 여성의 딸들이 일부는 북서방향으로 이동하여 유럽에 도달했으며 또 다른 일부는 북동쪽으로 방향을 잡아 시베리아를 횡단하여 알라스카를 지나 아메리카 인디언의 조상이 되었다. 광대한 유라시아 대륙에서 진화는 천천히 진행되었다.

슬기사람의 후기구석기문화

플라이스토세 시기에 북부 유럽과 아시아 일부 지역은 빙하로 덮혀 있었고 기후는 현재보다 매우 메말랐으며 빙하 남쪽 지역에는 사막이 발달하였다. 양극에 대빙하가 발달하면서 해수면은 최고 60m 가량 낮아졌으며 후기구석기사람들은 뭍으로 변한 지역을 통해 펴져 나갔다. 해수면이 낮아지면서 순다Sunda와 사울Sahul 대륙이 나타나며 시베리아와 알라스카 사이에 베린지아 Beringia라는 대륙이 형성되었다. 이 통로를 통해 아메리카와 아시아에서 살던 동물들이 환경 조건에 따라 천천히 서로 이동할 수 있었으며 인류도 이동이 가능하였다.

후기구석기문화를 지닌 인류는 추운 지방에 빠르게 적응하면서 거대한 유라시아 대륙의 초원지대에서 사는 순록의 무리를 쫓아 이동하였다. 기후와 생태조건이 바뀌면서 인류는 순록 대신에 맘모스와 야생염소, 그리고 사슴을 사냥하였다. 고고학 기록에 따르면 문화는 계승되었지만 방랑

하는 삶의 방법은 변하지 않았다.

플라이스토세 말인 20,000년 전에 기후가 극적으로 변하면서 마지막 빙하가 절정에 달하였다. 빙하가 유럽 북부지역과 시베리아의 대부분 지역을 덮어 이 지역에서는 인류가 살 수 없었다. 이 당시 지구의 인류는 1백만 명에서 1천만 명 정도라고 추정되는 데 이들 중 상당수는 추운 기후를 경험하였다. 유라시아 대륙의 경우 인류와 동물은 대륙 남쪽 지역에서 살았으며 10,000년 전 빙하가 물러가자 생존자와 동물은 북쪽으로 다시 진출하였다.

그림 19. 왼쪽 그림은 프랑스의 라스코 동굴에서 발견된 것이고 오른쪽 그림은 라스코 근처 라우셀 바위그늘에서 발견된 비너스상이다.

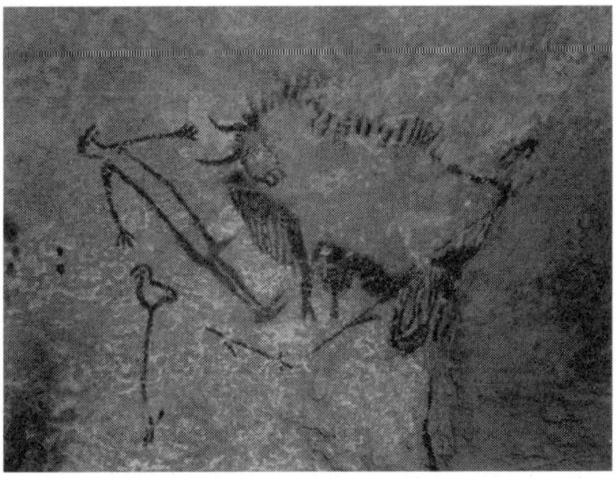

유럽의 고고학과 언어학 및 유전학계는 다른 지역보다 유럽에 더 많은 관심을 가졌기에 유럽에서 살던 인류에 연구가 집중되었다. 돌연모를 바탕으로 고고학자들은 유럽의 후기구석기문화를 세분하였다. 가장 이른 문화가 45,000년 전부터 28,000년 전까지 지속된 오리나시앙Aurignacian 문화이다. 이 시기의 돌연모들은 프랑스와 이태리, 그리고 동유럽의 대부분 지역과 중동의 레반트 지역에서 발견된다. 오리나시앙 사람들은 서서히 지속적으로 이 지역을 선점한 네안데르탈 사람을 몰아낼 정도로 전투적이었지만 1994년 프랑스의 쇼벳Chauvet 동굴에서 발견된 동굴벽화는 이들이 유럽에서 최초로 동굴 벽화를 만든 예술가임을 보여주고 있다.

쇼벳 동굴은 방사성동위원소 측정에 따르면 32,000년부터 30,000년 전 사이와 27,000년부터 25,000년 사이에 인류가 살았던 것으로 밝혀졌다. 동굴벽화에 등장하는 동물로는 사자와 맘모스, 코뿔소, 등 사냥하기 어려운 동물과 말, 순록, 옛소, 올빼미 등이 있다. 선사예술의 대상은 바로 선사인류가 보고 느낀 세상을 표현한 것이라고 생각되지만 동굴벽화의 의미와 제작자의 의도가 정확히 무엇인지는 알지 못한다. 일반적으로 인간은 예술을 통해 자신의 느낌을 표현하고자하는 특성을 지니고 있다고 하지만 동굴 벽화 같은 예술행위는 같은 주제를 가지고 각기 다른 관점에서 표현한 선사인류의 지적능력의 산물인 것이다.

유럽에서 추운 기후가 지속되자 유럽과 유라시아 대륙의 초원지대는 삼림 대신 초원이 발달하였으며 여기에 순록과 털코끼리, 들소 및 영양 같은 동물이 번성하였다. 이런 초식동물은 후기구석기사람들에게 좋은 식량감일 뿐 아니라 가죽과 상아와 뿔 등을 제공하였다.

원인은 모르지만 오리나시앙 문화 끝나고 그라베탕Gravettan 문화가 뒤를 이었다. 이 문화는 28,000년 전부터 21,000년 전까지 지속되었으며, 러시아 동쪽 지역과 이태리 남쪽 지역, 및 프랑스와 스페인 국경 지역까지 널리 펴졌다. 그라베탕 주민들은 순록보다 털코끼리를 사냥했으며 비너스상을 제작하였다. 비너스상은 작은 머리에 큰 가슴 그리고 피그미처럼 커다란 엉덩이를 지녔는데 선 부족과 안다만 제도 같은 환경에서 사는 사람들과 닮은 모습이다. 프랑스에서 러시아에 걸쳐 출토되는 비너스상은 그라베탕 문화를 대표하는 예술품이며 이는 아마도 출산 의식과 관련이 있는 것으로 보인다. 그라베탕 말기에는 처음으로 활과 화살이 나타나고 있다.

그라베탕 문화는 아주 추운 시기에 출현하는 데 이 시기에 북부 유럽에는 인류가 살지 않았다. 마지막 빙하기가 절정에 달할 때 빙하는 영국과 스칸디나비아 등 유럽 북부 지역을 덮고 있어 이 지역에 살던 선사인류는 스페인과 이태리 및 우크라이나 같은 유럽 남부의 덜 추운 지역으로 삶의 거처를 옮겼다.

솔르뜨레앙Solutrean 문화가 그라베땅문화의 뒤를 이어 출현했다. 이 문화의 중심 지역은 프랑스와 스페인으로 21,000년 전부터 16,500년 전까지 지속되었다. 야생염소인 아이벡스와 야생말, 사슴들의 뼈들이 솔르뜨레앙 유적에서 발견된다. 유적들은 아주 가까이 자리하고 월계수 잎Laurel-leaf이라고 불리는 얇고 정교하게 만들어진 돌연모가 출토되는 데 이는 실제로 사용하기보다는 아마도 제례의식용 이었을 것이다. 고고학자들은 유적이 가까이에 함께 나타나고 제례의식용 연모가 출토되는 것으로 보아 솔르뜨레앙 문화 담당자들은 더 커진 사회 조직를 가지고 함께 살았던 것으로 가늠한다. 이런 현상은 빙하의 발달로 유럽의 북서지역과 중부지역에서 살지 못하고 남쪽 지역으로 거주지를 옮겼기 때문이다.

마지막 빙하기는 약 5,000년 간 지속되면서 이 기간 중 북유럽에서 남쪽 지역으로 향한 인류의 마지막 이동이 있었다. 남서 유럽의 뻬리고르드Perigord 지역으로 이동한 선사인류는 18,000년 전부터 11,000년 전까지 지속된 막달레니앙 문화를 꽃 피웠다. 순록을 사냥하기 위해 제작된 막달레니앙Magdalenian 연모는 가볍고 몸에 지니고 이동하기에 편리하였다. 연모는 여러 개의 돌칼이 붙은 연모Barb처럼 정교하고 세련되게 만들어졌다. 동굴예술은 이 시기에도 계속되어

17,000년 전의 라스코Laxco동굴과 니아Niah 및 알타미라Altamira 동굴에 그 흔적을 남기었다.

후기구석기시대의 사냥-채집인의 삶에 대해서 별로 알려진 것은 없으며 그들의 문화가 이어져 나타나게 된 원인도 알지 못한다. 그러나 이들은 오늘날의 사냥-채집집단처럼 계급이 없는 평등사회를 유지했을 것으로 가늠된다.

네안데르탈 사람과 슬기사람과의 관계

곧선사람의 후손과는 다르게 슬기사람과 네안데르탈 사람과의 관계를 나타내는 증거는 많이 남아 있다. 네안데르탈 사람은 125,000년 전부터 우랄산맥 서쪽 지역인 유럽과 중동아시아 지역에서 살았다. 단단한 몸집에 발달된 근육을 지녔으며 커다란 머리와 튀어나온 눈두덩과 쪽진(튼) 머리같이 볼록 튀어 나온 뒤통수가 특징이다. 이런 체질적 특징은 추운 기후에 적응하기 위해서라는 주장과 유전자표이에 의한 결과이거나, 또는 세대사이의 유전자 빈도수의 변화에 기인한다는 등 여러 설명이 있으나 아마도 초기의 네안데르탈 사람의 경우는 유전자표이가 작용한 것으로 보인다.

일단의 인류학자들은 네안데르탈 사람이 슬기사람과 교배가 일어났을지도 모른다고 주장하나 수렵-채집 사회의 배타적인 습성과 네안테르탈 사람의 모습에서 슬기사람과 사이좋게 지니며 짝짓기를 했다고는 볼 수 없다. Y염색체와 mt DNA 연구도 슬기사람과 네안데르탈 사람사이에는 연관성이 없다고 밝히고 있다. 그러나 슬기사람이 네안테르탈 사람을 노예로 부리거나 여성 네안테르탈 사람과 관계를 맺었을 가능성도 배제할 수 없다. 이런 경우 추위에 강한 네안데르탈 사람의 유전자가 현생인류에게 전해졌을 가능성도 있다고 하겠다.

유전학적 연구에 따르면 슬기사람과 네안데르탈 사람의 여성의 조상은 465,000년 전에 살았는데 이 시기는 호모 하이델베르겐시스가 살았던 시기이다. 그러나 대표적인 네안데르탈 사람은 127,000년 전에 나타난다. 네안데르탈 사람이 살았던 지역은 지중해 주변지역으로 서쪽으로 스페인으로부터 동쪽으로 카스피 바다까지이며, 중동지방에서는 터키와 이란 그리고 이라크가 여기에 포함된다.

어쩌면 슬기사람은 처음에 아프리카에서 곧바로 네안데르탈 사람이 살던 지역으로 이동했는지도 모른다. 그러나 유전학 연구에 의한 단일이동설에 의하면 슬기사람은 북부 인도로부터 이란과 터키를 거쳐 유럽으로 이동했다고 밝히고 있다. 이들은 45,000년 전에 중동지방에 도달했으며, 고고학적 증거에 따르면 슬기사람은 천천히 유럽을 횡단한 것으로 보인다.

슬기사람이 유럽으로 천천히 퍼져 나아갈 때 네안데르탈 사람은 이탈리아와 이베리안 반도같이 유럽의 변경지역에 한정되어 살았다. 이들의 돌연모 문화는 무스테리앙 문화로 새로운 집단이 지닌 문화를 수용하지 않았다. 수렵·채집 집단사회의 특징처럼 슬기사람은 네안테르탈 사람을 천천히 구축해 갔다. 해안을 따라 지중해 북부지역을 해안을 따라 배로 이동하던 슬기사람은 강을 따라 중부 유럽으로 들어갔다. 겨울에 얼어붙은 강들은 이동에 좋은 통로 역할을 하였다.

아마도 슬기사람은 다른 지역으로 이주할 때 그 지역을 한 번에 차지하는 방식이 아닌 한 지역에 살면서 자연히 작은 분화된 집단이 그 다음 지역으로 퍼져가는 방법을 택했다. 각각의 새로운 집단은 그 지역의 선주민인 네안데르탈 사람과 작은 충돌을 빗었다. 세월이 지나면서 슬기사람의 영역은 넓어지고 이에 비례해 네안데르탈 사람의 생활영역은 줄어들었다. 이렇게 슬기사람이 유럽을 횡단하여 이베리안 반도에 이르는 데는 약 15,000년 정도의 시간이 소요되었다. 30,000년 전 마침내 네안테르탈 사람은 이베리안 반도의 마지막 주거지에서 사라졌다.

유럽에서 네안데르탈 사람이 슬기사람에 의해 구축되는 사이에 아시아에서도 외딴 섬에 고립된 작은 플로레스 사람만 절멸을 면하였고 하이델베르겐시스 단계인 옛 선사인류는 뒤안길로 사라져 갔다. 아프리카를 떠난 슬기사람은 20,000년 전에는 지구의 대부분 지역에서 살았으며, 비록 그들의 수는 많지 않으나 유라시아와 순다, 사울 그리고 아프리카로 펴져 나갔다. 이들은 자연 그대로의 상태의 삶을 지녔으며 수렵과 채집생활을 하였다.

아프리카를 떠난 슬기사람은 50,000~30,000년 전 사이에 세계로 펴져 나갔다. 이들은 아프리카를 고향으로 한 150명의 이주자로 그들의 모습은 서로가 아주 닮았다. 아프리카에서 살던 최초의 슬기사람은 갑자기 자신들의 삶의 영역을 넓혀갔다. 이들은 검은 피부를 지녔는데 오스트레일리아와 뉴기니어 및 안다만 제도의 후손들과 닮았다. 45,000년 전 유럽에 도달한 슬기사람도 검은 피부에 아프리카에서 살던 모습을 유지하고 있었다. 한편 네안데르탈 사람은 오랫동안 북반부의 기후에 적응하여 멜라노코틴 리셉터 유전자의 활동이 줄어들어 창백한 피부를 지녔다. 선사인류의 피부에 관한 직접적인 증거는 없지만 네안테르탈 사람은 흰 피부를 지녔고 초기 현생인류인 슬기사람은 검은 피부를 지녔다. 그 한 예가 프랑스의 쇼벳동굴에서 발견된 초기 인물 벽화로 검은 피부와 아프리카 사람의 특징을 보여주고 있다.

전 세계로 펴져나간 슬기사람은 처음에는 비슷한 삶의 모습을 지니고 있었으나 점차 지역적인 차이가 나타나며 가장 주목할 차이는 예술에서 보인다. 비록 같은 시기에 속하는 바위그림들이 오스트레일리아에서 발견되지만 유럽에서 발견된 동굴벽화에는 견줄 만한 것들이 없다. 특히 유럽의 프랑코-칸타브리안 지방의 후기구석기 세계는 지구 어느 곳에서도 찾아 볼 수 없는 광경이다. 왜 오스트레일리아와는 다르게 유럽에서만 이런 일이 일어났을까 하는 의문에 일단의 학자들은 아마도 이렇게 예술이 꽃피운 것은 이 지역이 세상에서 마지막 피난지라는 생각에 자신들에게 닥쳐오는 압박을 예술이란 형태로 표출한 것으로 설명하고 있다.

이에 대해 다른 견해는 아프리카로부터 이주한 슬기사람이 각기 다른 반대 지역으로 이주하면서 다른 환경에 정착했기 때문이라는 설명이다. 즉 오스트레일리아와 뉴기니어로 이주한 슬기사람은 아프리카에서 생활하던 습관을 그대로 이어갔기 때문으로 여겨지는 데 지금도 구석기시대 기술과 행위를 지닌 채 살고 있으며, 특히 부계사회와 유목적 생활 습관, 및 부족의 호전성이라는 습성을 유지하고 있는 점이 이를 반증하고 있다. 이에 반해 유럽과 동아시아에 이주한 슬기사람은 이런 습성에서 벗어나 점진적이고 지속적으로 변화를 시도하였기 때문이라는 것이다.

선사시대 기간 중 같은 시기에 문화의 발달이 다르게 나타나는 점에 대해 역사학자와 사회학자들은 순전히 문화적 또는 환경적 요인 때문이라고 한다. 반면에 생물학자들은 환경에 대한 반응을 조절하는 유전적 영향 때문이라고 주장한다. 후기구석기시대에 아프리카에서 오스트레일리아로, 그리고 동아시아에서 유럽으로 작은 집단을 이루어 이주할 때 후기구석기사람들은 각기 다른 진화상 압박을 받았을 것이며 또한 유전자표이의 효과 때문에 지역에 따른 유전적 변이가 발생하여 각기 다른 행위를 보여준다는 것이다.

유전적 차이는 분명히 후기구석기시대에 인류 집단의 행위에 영향을 끼쳤다. 인류의 두뇌형성에는 두 개의 유전자가 연관되어 있는 데 그 중 하나가 작은 머리Microcephalin 의 대립형질 유전자이다. 이 인자는 37,000년 전에 처음 나타났으며 유럽과 동아시아 주민의 70% 정도가 이 인자를 지니고 있는 데 반해 사하라 남쪽 주민은 0~25% 정도만이 지니고 있다. 6,000여 년 전 두뇌를 형성하는 새로운 대립형질인자인 ASPM이 중동아시아나 유럽에 출현하여 주민의 50% 정도가 이 인자를 지녔으나 동아시아와 사하라 남쪽 주민에서는 낮은 빈도로 나타난다.

위에서 언급한 것처럼 두 개의 두뇌형성 인자가 그렇게 빨리 퍼질 수 있었던 것은 인류의 인지능력을 향상시키는 이 인자들에 자연선택이 작용한 결과이다. 따라서 두뇌를 형성하는 다른 인자들도 이와 같은 과정을 겪었을 것이며 각각의 주민집단은 같은 목적을 달성하기 위해 일단의 인자들을 사용했을 것이고 지역에 따라 인자의 빈도가 다른 것이 그 원인이라는 주장이다.

또 다른 유전적 차이로 말라리아에 저항하는 유전자를 들 수 있다. 아프리카 사람들은 말라리아에 면역 유전자가 있는 반면 지중해 주변 지역 사람들은 다르다. 이는 돌연변이의 결과로 아마도 말라리아에 면역이 생긴 유전자는 최초로 아프리카에서 출현 했으며 일단 돌연변이가 일어난 지역에서 주변 집단으로 퍼져 나갔을 것이다.

위의 주장을 종합하면 60,000~50,000년 전 슬기사람이 이주한 이후에도 인류의 진화는 근사진화 형태로 각각의 집단에서 각기 다른 형태로 진행되어 갔다. 즉 같은 도전에 주민 집단들은 다른 유전자 때문에 다르게 적응했다. 즉 37,000년 전에 작은 머리 유전자를 지닌 유럽인들은 그들의 인지능력을 확대할 수 있었으며 그 결과 동굴 예술 같은 행위를 할 수 있었으며 다른 지역의 주민들은 나중에야 가능하였다.

60,000~50,000년 전 최초의 슬기사람이 전 세계로 퍼져 나갈 때 각각의 주민집단은 그들의 삶의 영역에서 자신들의 방식으로 살아갔다. 이들은 각자의 문화와 신앙 및 삶의 방식을 유지했을 뿐만 아니라 유전적으로 다른 기후와 생태조건 및 사회조직에 적응하며 살았다. 이들은 자신들이 사는 지역에 고립되면서 예전 고향에서의 삶을 벗어나 새로운 세계에 적응하는 인류로 거듭나게 되었다.

플로레스사람 *Homo floresiensis*

슬기사람이 남동아시아에 도달하기 전에 곧선사람의 후손 중 한 종은 이 지역에서 살았다. 지금까지 곧선사람의 화석은 인도네시아의 자바에서만 발견되었다. 동 자바와 뉴기니어, 그리고 오스트레일리아 사이에는 깊은 바다가 가로 막혀 50,000년 전 슬기사람이 배를 타고 이 지역으로 이주하기 전까지는 인류의 존재가 없다고 생각하였다. 그러나 수 년 전 자바에서 동쪽으로 300마일 떨어진 플로레스 섬에서 800,000년 전의 돌연모들이 발견되었다는 보고가 있었다. 따라서 고고학자들은 이 지역에서 선사인류의 이주에 관한 보다 자세한 정보를 위해 돌연모가 출토된 지역에서 발굴을 실시하였다. 2003년 플로레스 섬의 리앙 브아Liang Bua 동굴에서 발굴을 한 결과, 잘 보존된 머리뼈를 포함하여 한 사람의 뼈대가 출토되었다. 출토된 인류화석은 침팬지 정도의 머리 크기와 1m 정도의 키를 지닌 인류로 밝혀졌다. 더불어 절멸한 피그미 코끼리와 돌연모 및 불에 탄 작은 동물들의 뼈가 함께 출토되었다. 선사인류화석이 출토된 지층의 연대는 단지 18,000년 전으로 측정되었다. 이 작은 몸집의 존재는 누구일까? 왜 이렇게 작은 몸집의 인류가 생겨났을까? 하는 문제들에 관심이 집중되었다.

출토된 인류화석은 두발로 걸었으며 골반과 작은 두뇌는 2백만 년 전에 아프리카에서 살던 오스트랄로피테사인스를 닮았다. 그러나 머리뼈 형태와 얼굴 모습, 작은 치아 및 연모사용과 사냥 등의 행위는 인류와 닮은 것들이다. 따라서 이 새로운 존재는 호모 플로레시엔시스라고 이름 지어졌다.

학자들은 이 새로운 선사인류는 곧선사람의 후손으로 일찍이 플로레스섬에 배를 타고 건너와 완전히 고립된 환경에 적응하면서 섬 난장이Island Dwarfing로 알려진 다른 동물처럼 작은 몸집으로 진화했다고 생각하였다. 선택적으로 난장이 과정은 자바 섬과 가까운 다른 섬들에서도 일어날 수 있다고 발굴자는 설명하였다. 그러나 환경에 적응하기 위한 난장이 과정에 의한 것이 아니라 개인의 병리학적 원인 때문이라고 주장하는 학자들도 있다. 다행히 뼈대가 완전히 화석화 되지 않았기에 DNA추출이 가능하며 이를 통해 곧선사람과의 유전적 관계와 작은 몸집을 갖게된 원인이 밝혀질 것으로 기대한다.

앞으로 플로레스 사람에 대해서는 몇가지 중요한 연구가 진행되어야 한다. 먼저 이들이 배를 타고 플로레스섬에 도착했는가?하는 점이다. 정말로 이들이 배를 이용했다면 이는 슬기사람의 행위와 같다고 할 수 있다. 그러나 자바에서 플로레스까지 이동하기는 쉽지 않다는 점을 염두에 두어야 한다.

그림 20. 플로레스 사람의 복원도.

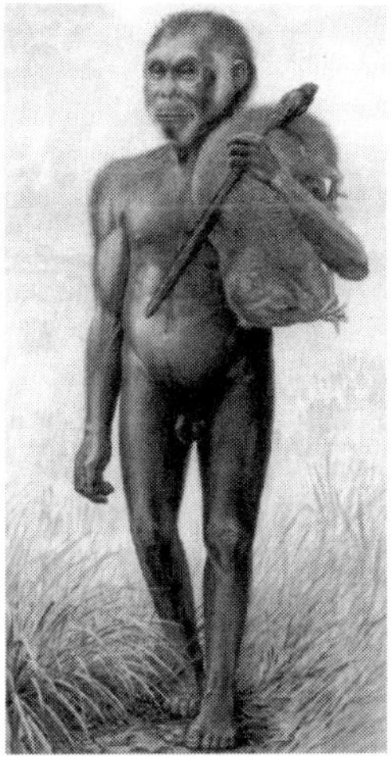

두 번째로 리앙 브아 동굴에서 출토된 돌연모에 관한 것이다. 돌연모 중 일부는 작고 제작수법이 뛰어나며, 불을 사용한 흔적과 어린 코끼리를 사냥한 흔적이 발견되었다. 이런 증거들은 바로 유인원 정도의 두뇌를 가진 플로레스사람이 남기었을까? 하는 점이다. 이 문제는 앞으로 60,000여년 전의 동굴에서 발굴이 더 진행되면 그 답을 알 수 있을 것이다.

마지막으로 플로레스사람은 왜 섬에서 사라졌는가? 하는 점이다. 아마도 플라이스토세 말에 기후의 변화가 서식지에 영향을 미쳤거나 또는 현대인에 의해 절멸했거나 아니면 식량자원이 고갈됐기 때문일 것으로 보인다. 12,000년 전에 일어난 화산폭팔 같은 자연재해가 이들의 운명에 직접적인 영향을 끼쳤는 지도 모른다.

진실이 무엇이든 플로레스에서 발견된 선사인류는 아시아에서 인류 진화에 관한 새로운 지평을 열어 준 발견이다.

Part 3. 유전학적 증거로 본 슬기사람

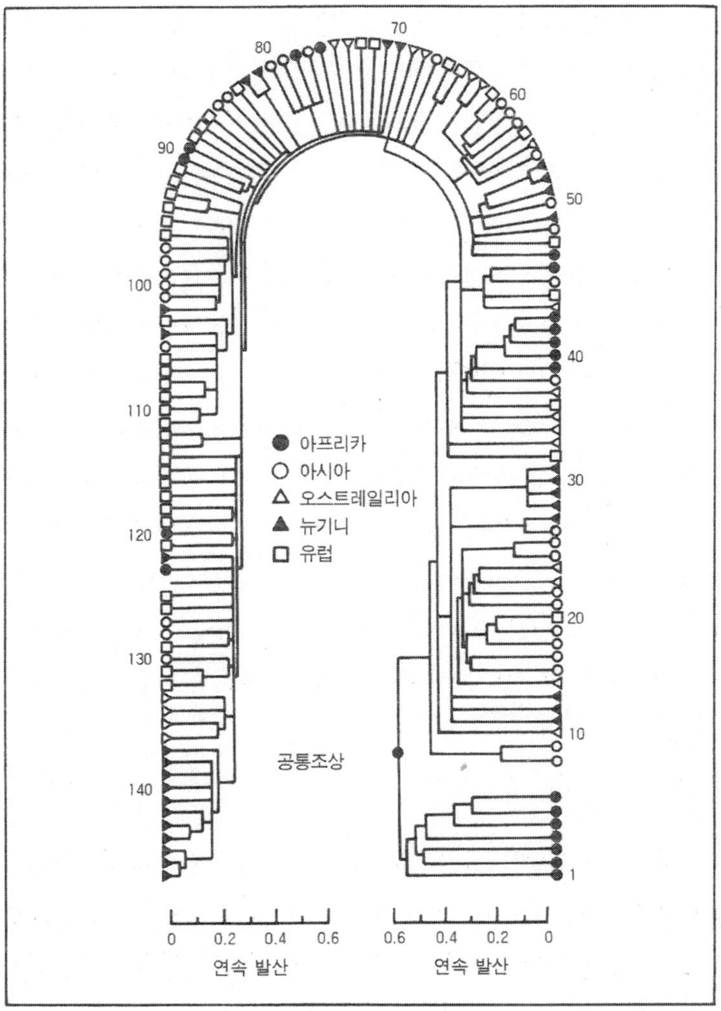

그림 21. 슬기사람의 mt DNA 분석

현생인류인 슬기사람의 출현

언어의 발달과 함께 아프리카에서 인류의 진화과정은 그 절정에 도달한다. 7백만 년 전 아프리카 유인원과 갈라져 인류의 길로 진화해 온 호미니드들은 오랜 기간의 진화과정을 거쳐 우리와 비슷한 몸집을 지니고 비슷한 삶을 영위하는 단계에 도달하였으니 현생인류인 슬기사람의 출현이 그것이다. 이들은 충분히 발달한 언어를 지녔으며 이들의 마지막 후손들은 전 세계로 퍼져 나갔다.

슬기사람의 직접 조상은 짧은 시간동안 살았을 뿐 아니라 아주 좁은 지역에서 살았는 데 아프리카에서 100,000~50,000년 전 사이에 살았다고 여겨진다. 60,000~ 40,000년 전 아프리카에서는 인구가 감소하였으며 현재까지 학자들은 단지 동아프리카에서만 이들의 흔적을 찾아내고 있다. 오랫동안 지속된 메마른 기후는 아프리카 삼림지대를 축소시켰고 사바나는 메말라 갔다. 유전학자들은 이 시기에 동아프리카에 살던 슬기사람의 수를 5,000명 정도로 추정하고 있다.

이렇게 적은 수의 인류 집단이 전 세계로 퍼져 나갔으며, 이들이 같은 삶의 방법을 지니고 있다는 것은 아프리카에서 시작하여 전 세계로 퍼져 나가기 이전에 인류의 기본적 특성을 이미 지니고 있었기 때문이다. 오늘날 선사시대 슬기사람 집단의 삶의 방법과 사회구조, 남녀의 역할, 종교, 및 그들이 사용한 언어 등이 주요 연구 대상이다. 그러나 아직까지 최초 주민집단에 관한 고고학적 발견은 보고된 바 없다. 그럼에도 불구하고 선사시대 슬기사람 집단에 관한 놀라운 연구성과가 보고되고 있는 데 유전학자들의 연구가 그것이다. 유전학자들은 선사시대 슬기사람 집단의 규모가 얼마나 되는 지, 그들의 고향이 아프리카의 어느 곳인지, 또 그들이 사용한 언어는 어떠한지도 밝혀주고 있다. 한편 선사시대 슬기사람 집단과 비슷한 삶을 사는 수렵-채집인의 행위를 비교 분석한 인류학자들의 연구를 통해 그들의 삶과 행위를 가늠할 수 있다.

슬기사람의 기원과 발달에 관한 모델

1970년대와 80년대부터 고인류학자들과 유전학자들의 연구에 의해 슬기사람의 기원에 관한 새로운 해석이 제시되었다. 특히 현재 진행되고 있는 유전학적 연구는 모든 슬기사람이 비교적 최근에 아프리카에서 살던 한 집단으로부터 시작되었음을 밝히고 있으며, 새로운 고고학적 및 고인류학적 연구 또한 이를 뒷받침해 주고 있다.

과거 고인류학자들에 의해 제기된 슬기사람 기원에 관한 연구의 초점은 지리적인 차이에 따른 진화의 유형에 집중되었으며, 이에 대한 연구는 크게 '다지역 기원설'과 '단일지역 기원설'로 나누어진다. 다지역 기원설은 '촛대형 모형설'로 그리고 단일지역 기원설은 '노아의 방주 모형설'로도 부르고 있다.

다지역 기원설에 따르면 현재 인류가 지니고 있는 인종적 특징은 이미 그들이 오늘날 발견되는 지역에서 오랜 세월 동안 진화해 왔기 때문이라고 주장한다. 슬기사람은 여러 지역에서 살던 곧선사람들로부터 진화하여 유전자 교환이나 유사진화의 과정을 거쳐 오늘날에 이르고 있기 때문에 아주 깊은 뿌리를 가지고 있다고 할 수 있다. 이 설을 지지하는 학자들의 주장에 따르면 유럽, 아시아 사람들과 아프리카 사람들은 20만 년 전부터 그들만이 지닌 해부학적 특징을 유지해 왔다고 한다. 만일 이들의 가설이 옳다면 인종을 분류하는데 이용되는 여러 체질적 특징들은 오래 전에 형성된 것으로 보인다. 예를 들어 유럽 사람들의 커다란 코라든지 오스트레일리아 원주민들에게 나타나는 굳세 보이는 광대뼈 등은 유럽에서 살았던 네안데르탈 사람과 중기 플라이스토세의 자바 곧선사람들로부터 이어져 온 특징이라고 할 수 있다. 다지역 기원설의 변형인 '다지역기원과 유전자 교환설'은 옛사람 세동이 지역에 따라 다르게 나타나긴 하지만, 이들이 슬기사람으로 진화해 오는 과정에서 유전자 교환비율이 점차적으로 증가하였다고 설명한다.

한편 단일지역 기원설에 따르면 슬기사람의 뿌리는 매우 짧으며 이들은 지구의 한 지역 - 아프리카 - 에서 하이델베르겐 사람으로부터 진화했으며 인종적으로 차이가 없다고 한다. 이들은 60,000~50,000년 전에 아프리카를 떠나 유럽과 아시아 및 오스트렐리아 및 아메리카로 이주하였으며 이 과정에서 선주민을 몰아내고 그 자리를 대신하였다고 주장한다. 이런 과정 중에 슬기사람은 새로 환경에 적응해가며 차차 인종적인 특징을 발전시켜 나갔다는 것이다.

단일지역 기원설은 다지역 기원설에 비해 보다 더 설득력을 지니는데 이 설에 의하면 슬기사람이 호모 하이델베르겐시스로 부터 진화한 이후 적어도 어느 지역(예: 유럽)에서만은 좀 더 일찍 출현하였다고 주장한다. 이 설은 또한 모든 슬기사람이 최근의 공통조상(약 10만 년 전 내외)으로부터 시작되었다고 인정되는 멘델의 유전적인 특징을 가지고 있다는 연구의 지지를 받고 있다.

단일지역 기원설을 지지하는 학자들의 연구에 의하면 유럽에서 살던 네안데르탈 사람과 인도네시아에서 살던 솔로 사람(이들은 아마도 자바 사람들의 지역적 후예로 인정된다)은 이른 시기의 슬기사람과는 유전자 교환이 일어나지 않았으며 슬기사람이 이들을 몰아내고 그 자리를 대신하였다고 한다. 또 단일지역 기원설의 변형으로 슬기사람이 진화해가는 과정 중 특히 아시아의 경우, 그 지역에서 살던 선주민들과 어느 정도 유전자 교환이 이루어져 지역적인 특징이 슬기사람을 통해 전해졌다는 주장이 제기되고 있다.

위에서 슬기사람의 기원과 진화에 관한 대표적인 두 개의 가설들과 그 변형된 가설들을 살펴보았는데 슬기사람의 기원에 관한 가설들은 다음과 같은 점에서 의견의 일치를 보이고 있다. 즉 현대인들이 지닌 체질적 특징은 늦게 진화된 결과들이며 인종적 특징들은 지역에 따라 진화의 결과가 다르게 나타났기 때문이라고 보고 있다. 그러나 인종의 차이들이 언제 시작되었는지에 대해서는 기본적으로 다른 입장을 취하고 있다. 다지역 기원설은 인종의 특징이 슬기사람이 나타나기 이전에 형성되었다고 주장하는 반면 아프리카 단일지역 기원설은 그 반대의 입장을 견지하고 있다.

그림 22. 슬기사람 기원에 관한 다지역기원설과 단일지역기원설.
다지역기원설(촛대형모델)과 단일지역기원설(노아의 방주 모델)로 단일지역설은 남아프리카 의 클라시에 리버 마우스와 기타 유적에서 출토된 고고학· 고인류학 발견과 유전학 연구의 지지를 받고 있다.

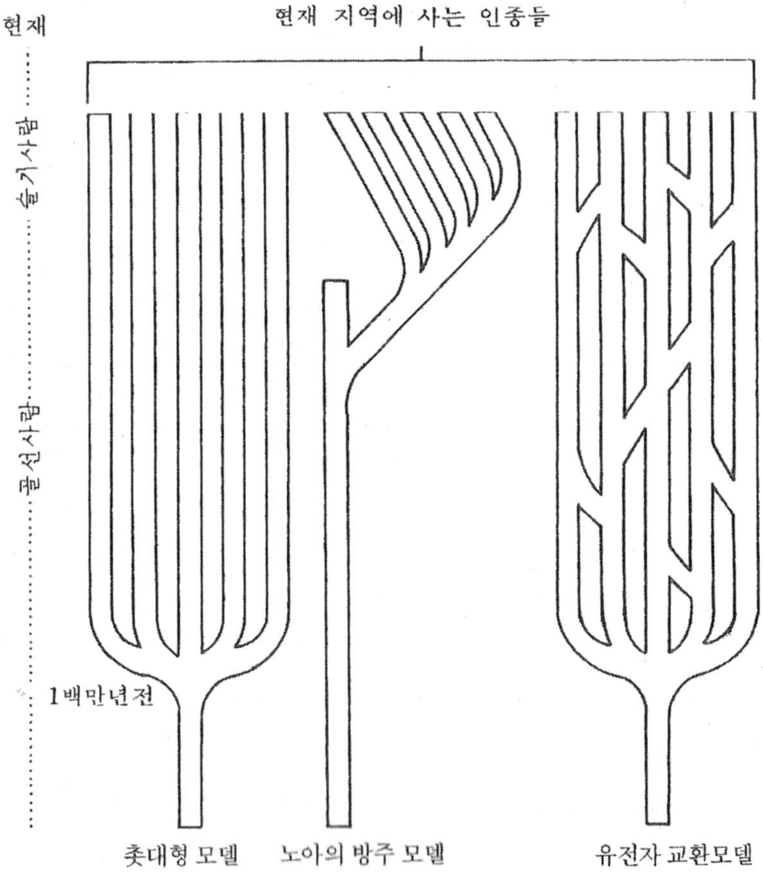

아프리카 단일지역 기원 모델

최근에 발견된 화석들과 고고학 · 유전학 · 언어학적 증거들은 슬기사람의 아프리카 단일지역 기원설을 뒷받침해주며 많은 학자들의 의견도 단일지역 기원설을 지지하지만, 이 가설이 더욱 설득력을 갖기 위해서는 아래와 같은 몇 개의 중요한 의문점들이 해결되어야 한다.

먼저 아프리카에서 슬기사람이 기원했다는 사실을 주장하기 위해서는 궁극적으로 아프리카만이 인류를 위해 제공할 수 있었던 조건이 어떠한 것이었는지를 설명할 수 있어야 한다. 이 조건들은 인류의 행위와 이에 관련된 생태상 문제들인데 실제 이 시기에 아프리카의 생태조건이 어떠했는지 거의 대부분을 모르고 있다.

또한 아프리카로부터 서아시아로 그리고 이어 지구의 기타 지역으로 왜 이른 시기 현생인류가 퍼져 나갔는지에 대해서도 설명할 수 있어야 한다. 아마도 이른시기 슬기사람의 이주는 기후 변화나 인구 증가 등의 환경에 대한 인류의 적응능력에 변화가 생겼기 때문에 나타난 현상이라고 여겨진다. 실제로 인류를 확산시킨 중요한 '선택적 요인'이 무엇이었는지에 대해서는 아직 밝혀지지 않았으나, 그 요인들은 150,000~50,000년 전 사이에 작용했을 것으로 생각되며 이 요인들은 슬기사람들이 약 10,000년 전까지 계속해서 이주하며 사는데 영향을 미쳤을 것으로 보인다.

한편 다지역 기원설과 단일지역 기원설 그리고 교배·교체설 등의 충돌을 막기 위해서는 호모 하이델베르겐시스와 이른시기 슬기사람 사이의 유전자 교환 문제가 해결되어야만 한다. 미토콘드리아 핵산 연구에 바탕을 둔 아프리카 단일지역 기원설은 전적으로 슬기사람이 먼저 살던 호미니드를 대신하였다고 주장한다. 그러나 이러한 주장에는 어떤 수렵·채집 집단이 지구의 도처에서 전혀 유전자 교환을 일으키지 않고 다른 호니미드를 대신할 수 있었을까 하는 의문이 제기된다.

일련의 학자들은 동유럽 지역에서 늦은 시기의 호모 하이델베르겐시스와 가장 이른 시기의 슬기사람 사이에 유전자 교환이 일어났던 흔적이 나타난다고 주장한다. 또한 네안데르탈 사람의 경우 같은 시기에 살던 이른 호미니드들에 의해 사용되었던 연모 제작기술을 받아들여 그들의 오랜 연모 제작기술들을 변화시켰다고 한다. 그러므로 여기에서는 네안데르탈 사람들이 사용했던 연모 제작기술의 변화는 새로 이주해 온 주민들로부터 배워서 얻어진 결과인지 아니면 유전자 교환을 이루면서 얻어진 것인지에 대한 문제가 해결되어야 한다.

또한 인류 화석에서 과연 유전자 교환의 흔적이라고 할 수 있는 특징들을 찾아낼 수 있는가 하는 점도 설명되어야 한다. 또 설사 유전자 교환이 일어났다 하더라도 유전자 교환은 지역에 한정되어 일어났을 것이기 때문에 다른 종사이의 유전자 교환에서 생긴 자손들의 유전자는 슬기사람에게 아주 낮은 빈도로 전해지거나, 아니면 전혀 전달되지 못했을 것이다. 그러므로 잡종의 특징을 지닌 화석이 발굴되었을 경우 현대 유전학 연구로는 그 경로를 추적할 수가 없다는 데에 문제가 있다.

아프리카 단일지역 기원설은 위에 제기된 여러 문제들을 논리적으로 설명해야 하는 과제를 가지고 있다. 최근에 Y염색체 연구를 통해 슬기사람의 기원과 이주가 자세히 밝혀져 모든 자료와의 비교가 가능해졌다. 또한 과거에는 알지 못했던 새로운 방법과 기술의 발달로 인해 우리는 슬기사람의 기원과 그들이 지구를 정복해 가는 과정에서 필연적으로 일어났던 이동 문제에 관해 이해할 수 있고 그 과정을 재구성할 수 있을 것이다.

정밀한 분자 시계 : 미토콘드리아 핵산

유전학 연구의 대상 중 하나인 인류와 유인원의 분화 시기는 수백 만 년이라는 연대가 전제되지만 슬기사람의 기원에 대한 논쟁에는 1백만 년보다는 훨씬 좁은 범위 내의 연대가 필요하다. 이처럼 시간의 범위가 좁기 때문에 미국 캘리포니아 주립 버클리 대학교의 윌슨 Wilson교수와 그의 동료인 레베카 칸Rebecca Cann 등은 인류와 유인원이 갈라진 시기를 추정하는데 사용되는 분자시계 대신, 극히 짧은 시간을 알려주는 보다 정밀한 분자시계를 세포 안에 있는 미토콘드리아에서 찾아냈다. 이 미토콘드리아는 동물의 각 세포조직에서 글리코즈를 에너지로 전환시키는 기능과 유전물질인 핵산을 가지고 있다. 이때 미토콘드리아에 있는 핵산은 세포핵에 있는 핵산보다 열 배나 빠른 속도로 돌연변이를 일으킨다. 따라서 핵산의 변이는 극히 짧은 시간에 일어나며 변이가 일어난 시간을 측정해 낼 수가 있다.

미토콘드리아가 지니고 있는 또 다른 기능은 무엇일까? 여성의 난자가 남성의 정자와 결합하여 태아를 형성할 때 정자가 난자 속으로 자신의 염색체를 주입한다. 그러나 자궁 안에서 정자가 활발히 움직일 수 있도록 동력을 공급해 주는 미토콘드리아는 뒤에 남으며 아이가 만들어질 때는 언제나 어머니의 미토콘드리아만이 아이에게 전달된다. 따라서 우리가 지니고 있는 미토콘드리아의 핵산은 오직 여성 쪽으로만 전해지는 유전물질로 우리들의 어머니, 할머니 그리고 증조할머니 등을 거쳐 우리들 자신의 역사 중 가장 먼 시기까지 거슬러 올라갈 수가 있다. 따라서 미토콘드리아 유전학을 이용함으로써 지구상에서 누가 누구와 서로 관계가 있는지를 규명하는 일이 가능하다. 윌슨 등은 지리 구분에 따라 아프리카, 아시아, 유럽, 오스트레일리아 및 뉴기니아 등으로 나누어 이 지역에서 온 150명의 여성들로부터 미토콘드리아 핵산을 찾을 수 있었다. 이러한 연구의 결과는 1987년에 발표되었다.

많은 유전학 연구에 따르면 슬기사람은 크게 사하라 이남 지역과 그외 지역의 인류집단을 기본으로 이루어져 있음을 알 수 있다. 그러나 이 유전가계에서 진화 연대는 문제가 있을 수 있다는 점을 유의해야 한다. 어떤 학자들의 연구에 따르면 살아 있는 슬기사람 중에서 나타나는 유전차이는 10만~20만 년 전 사이에 이루어졌던 집단간의 유전자 이동 때문에 그들에게 보이는 차이가 실제보다 더 오래된 것처럼 보인다고 주장한다.

슬기사람의 유전학적 족보

오늘날 지구상에 사는 사람들은 선사시대 슬기사람 집단의 후손이므로 현재 살아 있는 사람들의 DNA를 분석하면 선사인류의 특성을 밝힐 수 있다. 이를 위해서 인간의 Y 염색체와 mt DNA 분석이 아주 유용하다. 다른 유전자들은 유전 메카니즘인 섞임shuffling 때문에 너무 복잡하여 족보관계를 알 수 없으나 Y 염색체와 mt DNA 분석은 인간의 유전적 관계를 분석할 때 세대 간의 섞임이 별로 일어나지 않아 족보를 밝히는데 유용하다.

인간은 부모로부터 X, Y 염색체를 물려받는데 이때 Y 염색체는 X 염색체와 섞임이 일어나지 않는다. 따라서 Y 염색체는 아버지에서 아들로 또 손자로 이어져 전해진다. 미토콘드리아 DNA도 섞임이 일어나지 않는다. 미토콘드리아는 세포의 일부인데 난자가 수정을 하면 남성의 미토콘드리아는 파괴되고 여성의 미토콘드리아만이 남아 자식에게 전해진다.

이런 특성 이외에 염색체와 mt DNA는 특별하고 놀라운 자기만의 특성을 가지고 있다. 오늘날 세상의 모든 남성은 같은 Y 염색체를 지니고 있으며 남성과 여성은 같은 미토콘드리아를 가지고 있다. 우리가 가진 모든 Y 염색체는 선사시대 슬기사람 집단에 속하는 한 남성으로부터 유전됐으며 mt DNA도 한 여성으로부터 물려받았기 때문이다. 바로 아담의 Y염색체와 이브의 mt DNA라는 것이다. 물론 유전학자들의 계산이 옳다면 선사시대 슬기사람 집단에는 각각 2,500명의 아담과 이브가 있었을 것이다. 그렇다면 어떻게 한 남성의 Y 염색체와 한 여성의 mtDNA가 유전되었을까?

특별히 한 작은 집단에서 한 개의 유전자가 다른 여러 유전자를 대신하여 나타나는 현상을 유전자 표이Genetic Drift라고 한다. 남성의 경우 Y 염색체에 유전자 표이가 일어나 수많은 세대가 지나면서 오직 한 사람의 Y 염색체만이 후손에게 전해진 것이다.

그러나 한 사람으로부터 물려 받았지만 Y 염색체가 동일하지 않은 것은 세대를 지나면서 돌연변이가 작용했기 때문이다. 부모의 특징은 성염색체를 통해 자식에게 전해지는 데 부모의 성염색체에 돌연변이가 생기면 그 특징은 자식에게 전해진다. 세월이 지나면서 본래의 특징에서 변이가 생겨난 것이다. 이렇게 Y 염색체의 돌연변이를 추적하면 각각 남성의 가계를 추적할 수 있으며 연구 결과 최초의 남성인 '아담'의 Y 염색체에 도달할 수 있다.

돌연변이는 아주 일정한 비율로 Y 염색체에 일어난다. 따라서 유전학자들은 한 가계에 일어난 돌연변이의 수효를 정하여 돌연변이가 발생한 시기를 알 수 있다. 또한 가계를 통해 돌연변이가 발생한 시기 뿐만 아니라 지리적 위치도 가늠할 수 있다. 한 선사시대 슬기사람 집단에게 중요한 돌연변이가 발생한 바로 그 시기에 집단 구성원의 일부가 다른 지역으로 퍼져 나갔다 하더라도 나머지 많은 주민들은 자신이 태어난 곳에서 살았다. 따라서 유전학자들은 지구에 퍼져 나간 Y

염색체의 지도를 만들 수 있으며 지도에는 특별한 지역에 펴져 나간 시기를 나타낼 수 있다.

그림 23. Y 염색체 가계도. 단지 한 남자의 유전자만이 전달되었다.

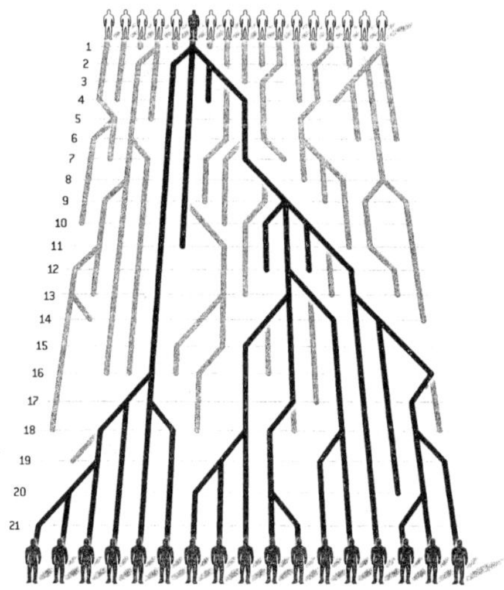

유전학적 연구에 따르면 일단의 선사시대 슬기사람 집단이 아프리카를 떠날 때 집단의 일부 주민은 아프리카에 남았다. 아프리카를 떠난 선사시대 슬기사람 집단은 Y염색체에 돌연변이가 발생한 M168이라는 유전자 마커를 지니게 되는 데 이는 아프리카를 떠나자 곧 M168 돌연변이가 발생했다는 뜻이며 변이는 44,000년 전에 일어났다고 한다. 유전적 에러 등을 감안하면 Y 염색체를 지닌 아담은 59,000년 전을 전후해서 지구에 태어났으며 인류 집단은 50,000년 전에 형성되었다고 가늠된다. 즉 아프리카를 떠난 모든 남성은 M18 유전자 마커를 지녔으며 이 마커를 지닌 남성은 45,000년 전에 처음으로 유럽에 도달하여 오리나시앙 문화 담당자가 되었다. M170 유전자를 지닌 인류는 오리나시앙문화에 이어 28,000년 전 그레비탕 문화를 가졌다고 가늠되며, M242 유전자 마커는 인류가 베링해를 건너 아메리카대륙으로 건너가기 전에 발생했다.

슬기사람의 고향

Y 염색체는 인류 게놈에 비하면 작은 부분이나 mt DNA 와 더불어 인류 집단의 진화과정을 잘 설명해 주고 있다. 앞에서 언급했듯이 Y 염색체는 남성의 가계를, mt DNA는 여성의 가계를 나타낸다.

여성의 가계를 보면 남성처럼 '이브'라는 한 명의 여성으로부터 200,000~150,000년 전에 시작되어 아담보다 일찍이 시작되었음을 보인다. 그러나 mt DNA는 Y 염색체보다 돌연변이가 빨리 진행되어 돌연변이가 발생한 시기를 정확히 계산하기가 쉽지 않다는 어려움이 있다.

그림 24. mt DNA로 본 아프리카 대 비아프리카 가계도.

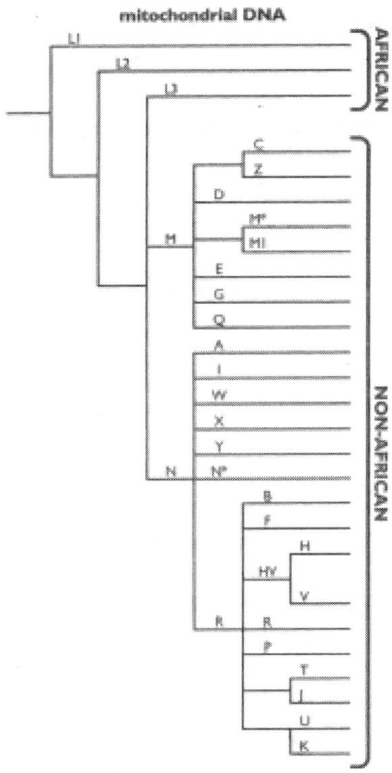

여성의 가계를 보면 남성처럼 '이브'라는 한 명의 여성으로부터 200,000~150,000년 전에 시작되어 아담보다 일찍이 시작되었음을 보인다. 그러나 mt DNA는 Y 염색체보다 돌연변이가 빨리 진행되어 돌연변이가 발생한 시기를 정확히 계산하기가 쉽지 않다는 어려움이 있다. 인류의 미토콘드리아 가계는 크게 3개의 분파 가계가 있는 데 L1, L2 그리고 L3 가 그것이다. L1과 L2는 사하라 남쪽 지역에 한정되고, L3는 M으로 알려진 분파 가계를 낳는데 M의 후손들이 아프리카를 떠난 인류 집단으로 알려져 있다.

과거에 인류 집단의 유효 크기는 10,000명 정도로 가늠하였으나 최근의 연구에 의하면 실제 수는 이보다 작았을 것으로 추정된다. Y 염색체를 바탕으로 했을 때 유효집단의 수는 생산을 할 수 있는 나이의 남자의 수가 1,000명으로 계산되었다. 같은 수의 생산을 할 수 있는 여자의 수도 1,000명으로 유효 크기는 2,000명 정도이며 전체 수효는 인구조사 크기와 비슷하게 4,000 내지

5,000명 정도의 집단 크기로 계산된다.

Y 염색체 가계의 경우 아프리카에서는 단지 2개의 분파 가계에서 많은 분파 가계가 파생하였다. 이는 아프리카에서 선사시대 슬기사람 집단이 아주 빨리 펴져 나가 다양화가 일어났다는 것을 의미한다. 또한 Y 염색체 가계가 한번 존재했다가 절멸했다는 의미도 있는 데 이는 선사시대 슬기사람 집단에서 남자의 사망을 초래한 여러 재난이 있었음을 뜻한다.

그림 25. Y 염색체로 본 아프리카 대 비아프리카 가계도.

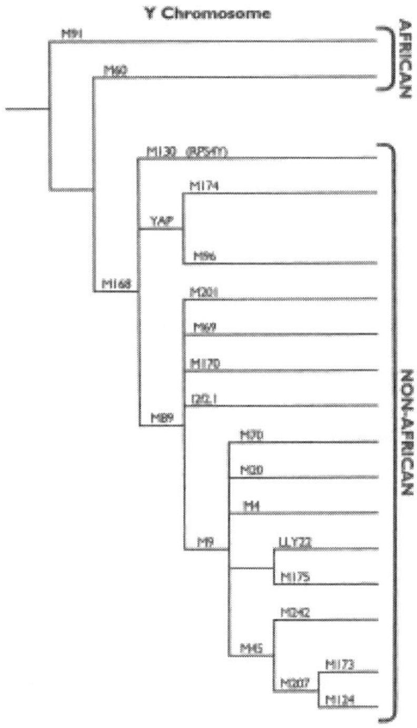

일반으로 채집 집단은 150명 정도의 구성원으로 이루어진다고 보면 아프리카에는 4,000명 내지 5,000명 정도의 작은 집단이 아주 작은 범위에 한정되어 살고 있었다고 가늠된다. 따라서 집단의 거주지가 작으면 작을 수록 한 가지 언어만이 사용됐을 가능성은 그만큼 높다고 하겠다. 그러나 고고학자들은 이 작은 지역을 찾기가 쉽지 않다.

고고학자들에 비해 유전학자들은 유전자 연구와 언어를 이용하여 아프리카의 어느 곳이 선사시대 슬기사람 집단의 고향인지를 알 수 있는 데 언어 중 특히 아프리카의 클릭Click 언어와 이를 사용하는 선 주민집단의 유전자를 연구하여 좋은 결과를 얻고 있다.

1652년 화란의 이민자들이 남아프리카에 도착했을 때 그 지역에서 클릭 언어를 사용하는 두 집단인 호텐토트와 부쉬맨으로 알려진 궁산(선족)!Kung San을 만났는 데 이 두 부족을 코이산 Khoisan이라고 한다. !은 많은 클릭 음 중 하나이다. 남아프리카에는 30개의 각기 다른 클릭 언어가 사용되고 있는 데 크게 3 그룹으로 구분된다. 이중 하즈다Hazda와 산다웨Sandawe 족은 멀리 탄자니아에 있어 !궁산Kung San 언어와는 관련이 없다. 일부 언어학자들은 동의하지 않으나 언어학자인 죠셉 그린버그Joshep Greenberg는 클릭 언어들은 모두 코이산으로 알려진 단일 계통에 속한다고 한다.

그림 26. 슬기사람의 mt DNA 분석. 미국 하와이 대학교의 인류학자인 레베카 칸과 그의 동료는 네 대륙에서 온 147명의 mt DNA를 분석한 결과 DNA의 돌연변이 유형을 바탕으로 현대의 인류는 20만년 전에 남아프리카에서 살았던 한 여성집단과 관련이 있으며(Eve라 불리움) 이 집단이 슬기사람의 가장 오래된 뿌리였음을 밝히고 있다.

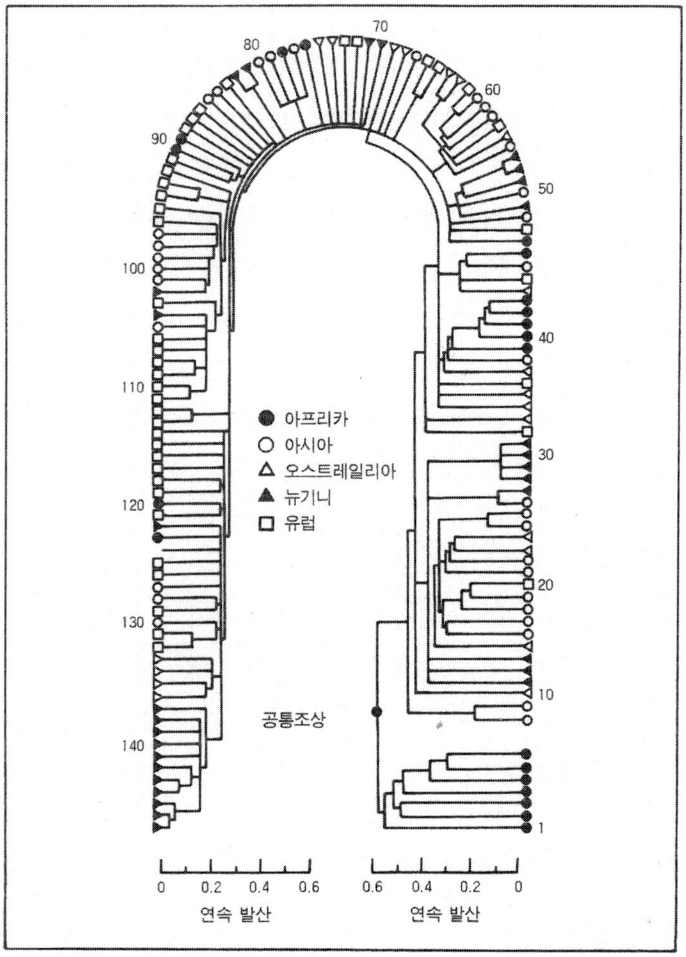

슬기사람의 모험 : 새로운 세계로

슬기사람인 선사인류가 아프리카를 떠나는 데는 고고학자들과는 달리 2 가지 이주 통로를 가정할 수 있다. 그 중 하나는 대륙 북쪽으로 이동하여 홍해 끝을 지나 시나이 반도를 통해 레반트로 이동하는 경우이다. 또 다른 경우는 홍해 남쪽 끝의 밥 알-만다브의 슬픔의 문 Gate of Grief를 건너 아라비아 남쪽 해안을 따라 아시아로 이동하는 경로이다. 동아프리카가 고향인 선사인류가 북쪽으로 이동하기에는 거대한 사막이 장애가 되나 슬픔의 문 지역은 별 문제가 없다.

오늘날 이티오피아와 아라비아 반도를 잇는 해협은 약 20km 정도 되지만 50,000년 전 빙하기에는 오늘날의 거리보다 훨씬 더 가까웠다. 당시 홍해는 해수면이 지금보다 70m 정도 낮아졌고 섬들이 중간 중간에 있어서 선사인류는 섬들을 징검다리 삼아 아라비아 반도에 도달할 수 있었다. 유전적 증거에 의하면 150명 정도의 슬기사람 단일 집단이 아프리카를 떠났다고 추정하는데 이는 Y 염색체와 mt DNA 연구의 결과이다.

첫째 가정은 슬기사람의 단일 집단이 최초로 아프리카를 떠나서 홍해 남단을 통과하여 서서히 세대를 거치면서 아라비아반도의 해안과 이란 지방으로 펴져 나갔으며 마침내 인도에 도달하였다. 빙하기 때 해수면이 낮아졌기에 당시의 고고학적 유적은 물속에 잠겨 있을 것으로 가늠된다.

다른 가능성으로 아프리카를 떠나 홍해 위쪽 지역을 지나 레반트와 이란을 거쳐 인도에 이르는 경로이다.

세 번째 가능성으로 당시에 적어도 2개의 이주 경로를 모두 이용하였으리라는 가정이다. 즉 하나는 레반트를 거쳐서 가는 경로이고, 또 다른 경로는 아라비아 반도의 해안을 따라 인도에 도달했으리라는 것이다. 이 가설은 유전적 연구를 받아들이는 고고학자들이 선호하는 가설이다.

그러나 유전학자들은 이주 경로는 하나로 아라비아 반도 해안을 따라 이주했다는 가설을 더 선호한다. 지금까지의 유전학자들의 연구 성과를 살펴보면 슬기사람의 이주 경로는 분명히 동아프리카에서 인도로 그리고, 오스트렐리아와 동아시아를 향하고 있음을 알 수 있다. 식량을 찾아다니는 집단의 경우 먼 거리 보다는 짧은 거리를 이동하는 데 최초로 아프리카를 떠난 선사인류도 이와 같은 방법을 선호하였다고 가늠된다. 그들은 짧은 거리를 이동하고 그 지역에서 머물렀다. 세월이 지나 집단의 커지면서 다시 분열된 집단들은 짧은 거리를 이동하며 새로운 지역으로 나아갔다. 이들은 자신들의 삶을 유지하기위해 넓은 지역이 필요했고 점차 이동거리가 길어졌으며 특히 구성원이 고기잡는 법을 배우면 물가에 자리 잡았다. 이렇게 먼 거리 이동은 단일 집단에 의해 이루어진 것이 아니라 천천히 집단의 수가 증가하고 또 갈라지면서 여러 세대를 거쳐 진행된 것이다.

그림 27. 현생인류인 슬기사람의 이동경로

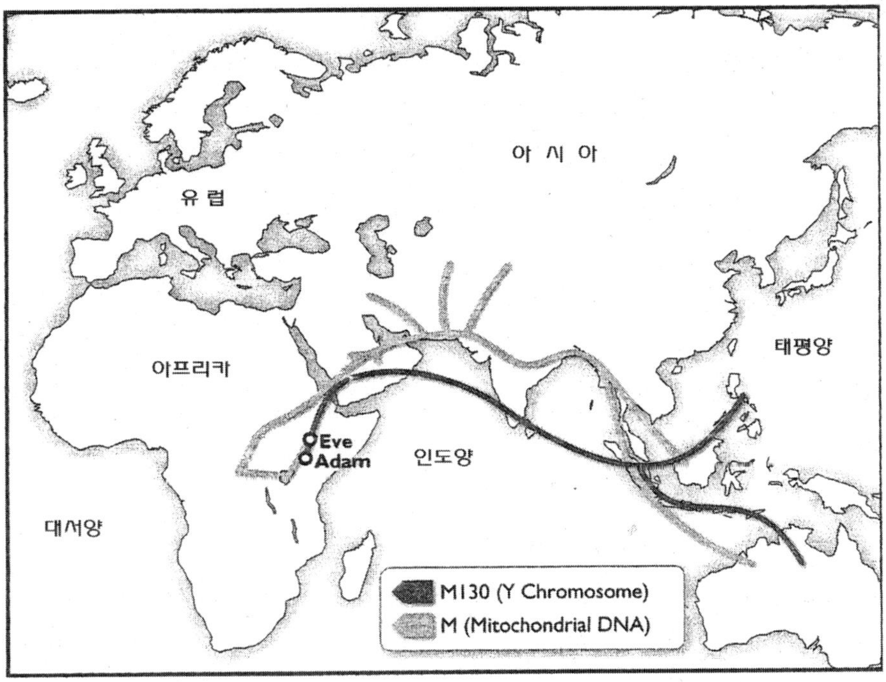

아프리카를 떠나 슬픔의 문을 거쳐 아라비아 반도로 건너가기 위해서는 배 같은 운반 수단이 요구된다. 이 시기에 속하는 운반 수단은 발견되지 않았지만 60,000~50,000년 전에 시작된 후기 석기시기에 아프리카에서 살던 인류는 분명히 물고기를 잡았으며 이들은 배를 만드는 기술을 지녔음에 틀림없다. 이주자들이 배로 아프리카를 떠났다면 그들의 후손은 아마도 해안선을 따라 인도에 도착했을 가능성이 크다. 해안선을 따라 이동하는 것이 내륙지방을 따라 이동하는 것보다 유리할 수 있기 때문이다. 남부 아라비아 지역의 대부분은 척박한 사막이고 이주자의 이동에 장애가 되는 여러 요소들이 산재해 있다. 그러나 비가 내리는 시기도 있었으며 심지어 빙하기가 지속된 10.000년 전까지도 따뜻한 시기(빙간기)가 있었다. 60,000~50,000년 전에는 아주 따듯한 시기로 이 시기에 아라비아 남부지역은 습기가 있고 수렵-채집인이 살기에 좋은 조건을 지녔다.

그러나 이런 좋은 기후조건 때문에 북쪽 지역에 살던 네안데르탈 사람이 남쪽으로 이동하였다. 네안데르탈 사람은 과거에 아프리카에서 아라비아 반도를 건너 레반트로 이동할 때 해부학상 슬기사람에 의해 저지당한 적이 있다. 다시 60,000~50,000년 전에 네안데르탈 사람은 언어를 지니고 더 나은 사회조직과 새로운 연모로 무장한 새로운 인류 집단과 마주쳐야 했다. 신체적으로는 네안데르탈 사람보다는 약하지만 이 새로운 인류 집단은 네안데르탈 사람을 압도해 갔다. 이 새로운 인류는 아라비아 반도의 내륙을 통과하기보다는 배를 이용하여 남부 아라비아의 해안선을 따라 이동하였다.

그러면 왜 슬기사람은 아프리카에서 한번만 이주하였을까? 그리고 이주 경로가 단지 슬픔의 문 하나 뿐이고 처음 이를 통과해 자리를 잡은 인류는 자신의 영역으로 이주해 오는 다른 인류 집단을 막았을까? 이에 대한 답은 아마도 살아남은 인류의 수가 얼마 되지 않았고, 단지 한 집단의 사람만이 운 좋게 그들의 앞 길에 놓인 장애를 극복하였기 때문이 아닐까?

인도로 향하는 여정

아프리카를 벗어나 먼 길을 떠난 최초의 슬기사람의 여정을 어떻게 복원 할 수 있을 까? 최초의 이주자들은 새로운 지역에서 머무르고 또 일부는 계속해서 이동을 하였는데 이런 과정은 비교적 정연하게 일어났다. 아프리카를 떠난 이후 수 천 년 동안 인류는 태어난 곳에서 살고 죽었다. 사람들은 수렵-채집 집단에서 행해지는 정도의 혼혈만이 있었을 것이다. 이런 추론은 유전자 연구 성과로 얻어진 것이며 Y염색체와 mt DNA 연구는 인류가 아프리카 대륙에서 시작되어 전 세계로 펴져 나갔음을 알려준다. 사하라 남쪽 지역에 사는 아프리카인들은 mt DNA 가계로 볼 때 L1,L2 그리고 L3에 속하며 나머지 세상 사람들은 L3의 자매인 M과 N 가계에 속한다

특히 M 가계는 아프리카로부터의 이주를 잘 보여준다. M 가계 마커는 아라비아반도 남쪽지역에서는 아주 일반적으로 나타나는 데 반해 레반트에서는 나타나지를 않는다. 이는 바로 선사인류가 아라비아 반도 남부지역을 따라 인도에 이르렀음을 보여주는 증거라고 할 수 있다. 그러나 문제는 아라비아 노예무역이 1600~1900년 사이 번성하여 많은 아프리카인들이 아라비아 반도로 끌려 왔으며 이때 아랍인과 동화된 여성 노예가 M 가계의 바탕일 수 도 있기 때문이다.

일반적으로 Y 염색체와 mtDNA 가계가 일치하는 점으로 보아 남성과 여성은 함께 세상에 펴져나갔다. 현재 Y염색체에 작용한 돌연변이는 아주 최근에 발견되었으며 이에 관한 연구가 진행중이다. mt DNA 의 돌연변이는 Y 염색체의 변이 보다 빠르게 진행되며 돌연변이가 일어난 시기도 Y염색체보다 오래되었다.

Y 염색체와 mt DNA 가계나무는 아프리카에서 작은 주민 집단이 다른 지역으로 단일 이주했음을 보여 주는데 이런 슬기사람의 이주는 역사의 한 분수령일 뿐 아니라 중요한 인구학적 사건이다. 즉 아프리카를 떠난 작은 집단은 자신들만의 유전적 특징을 보전하고 후손에게 전해주게 되었다. 즉 유전자 표이가 일어난 것이다. 따라서 아프리카를 떠난 작은 집단의 인류는 인류 집단의 다양한 유전적 특징 중 일부만을 간직하게 되었고 일부분의 유전 특징을 분석하여 이주자의 수효를 가늠할 수 있다. 연구에 의하면 아프리카를 떠난 슬기사람은 150명에 지나지 않는다

고 한다. 미토콘드리아 DNA를 이용한 또 다른 연구에 따르면 아프리카에 있던 여성 중 아이를 생산할 수 있는 여성의 수는 550명 정도라고 한다.

인구학적 연구 결과는 일부 결함이 있지만은 아주 정확하다는 것이 학자들의 공통된 의견이다. 이런 연구를 바탕으로 해서 추정하면 아프리카를 떠난 최초의 이주자는 그 수가 아주 적으며 아마도 단일 수렵-채집 집단이었을 것이다. 오늘날의 수렵-채집 집단의 수도 150명 전후 인 점으로 보아 아프리카를 떠난 집단은 하나의 수렵-채집 집단이거나 그들의 일부일 것으로 가늠된다.

아시아와 유럽으로 이주

슬기사람이 처음 어떤 경로를 따라 아프리카를 떠났는지는 논외로 하고, 인도 대륙은 이들이 최초로 머물렀던 주요 지역이다. 왜냐하면 아프리카 이외에 인도 대륙에서 최초로 Y 염색체와 mt DNA 가계의 분화가 일어났기 때문이다. 미토콘드리아 DNA가계 나무에서 보면 아프리카를 벗어나 분화된 M과 N 유전자 마커가 아직도 인도 주민에서 다수 발견된다. 즉 M 가계가 아주 일반적이며 여기서 발견되는 M 마커의 돌연변이는 인도로부터 동쪽으로 멀리 떨어진 지역에서 발견되는 M 마커의 돌연변이보다 오래 전에 일어났다는 사실은 인도 대륙이 아프리카를 떠난 집단이 정착했었다는 논거의 바탕이 된다. Y 염색체의 경우, 여러 후손들이 인도 대륙에 한정되어 나타나는 것은 이들의 조상이 남쪽 경로를 따라 이주했다는 가설을 지지해준다. 만일 이들이 북쪽 경로를 따라 레반트 쪽으로 이동했다면 그 지역에서도 인도 대륙에서와 같은 결과를 나타날 것이다.

인도에서 머물던 슬기사람 중 일부는 해안을 따라 오스트레일리아와 동북아시아의 중국과 한국 그리고 일본에 이르렀다. 또 다른 집단은 북서쪽으로 방향을 틀어 이란과 터키 지역을 지나 유럽에 도달하여 선주민인 네안데르탈 사람과 경쟁을 하였다. 슬기사람은 위의 두 경로를 통해 이주하는 과정에서 자신들의 능력을 발휘하여 장애를 헤치고 주변 환경의 어려움을 극복해야 했다. 여기서는 먼저 오스트레일리아 쪽으로의 이동을 살펴보고 이어 유럽으로의 이동을 소개한다.

오스트레일리아로

인도 대륙을 떠난 슬기사람은 해안을 따라 동쪽으로 이동하여 마침내 지금은 사라진 순다와 사울 지역에 도달하였다. 50,000년 전 해수면은 지금보다 낮아 말레이반도와 수마트라, 자바, 그리고 보르네오는 아시아 대륙의 남쪽 부분인 순다 또는 사울 대륙을 이루고 있었다. 오스트레일리아는 북쪽으로 뉴기니아와 연륙하고 남으로는 타스마니아와 붙어 있었는데 지금은 바다 속으로 잠긴 순다의 남쪽 지역을 사울이라고 한다. 슬기사람은 순다와 사울사이에 있는 강을 건널 때는 아마도 아프리카를 떠나 슬픔의 문을 지날 때와 같은 기술을 사용했을 것으로 가늠된다.

슬기사람이 오스트레일리아에 처음 도달한 일은 인류 이주에 관한 중요한 사건으로 유전학적인 증거와 고고학적 증거가 이를 밝히고 있다. 매장 증거를 바탕으로 고고학자들은 50,000년 전 이후에 고인류가 이 지역에 정착한 것으로 보고 있다. 이 시기를 탄소동위원소 측정보다는 열형광분석법을 이용하여 구분하였는데 이 방법의 결함을 보충하기 위해 고동물학의 증거를 함께 이용하였다. 즉 46,000년 전에 몸무게가 100kg 보다 더 나가는 젖먹이동물과 조류 및 파충류 같은 동물들이 오스트레일리아에서 갑자기 절멸하는 것은 사냥에 의해 일어난 사건으로 이 시기에 인류가 이동했다는 증거이다. 아메리카 대륙에서도 최초의 사냥꾼들이 이주하면서 이런 절멸이 일어났다.

아프리카에서 멀리 떨어진 오스트레일리아에서 가장 이른 시기의 슬기사람이 출현 한 것은 아마도 이들이 내륙이 아닌, 지금은 물속에 잠겼지만 해안을 따라 이동했기 때문으로 보인다. 슬기사람이 처음 아프리카를 떠난 시기를 유전학자들은 60,000~50,000년 전으로 보나 46,000년 전 이전의 고고학적 증거는 아직 나타나지 않고 있다. 그러나 해수면의 상승으로 초기 슬기사람의 주거 흔적이 바다 속에 잠겨 있을 가능성이 있음을 염두에 두어야 한다.

슬기사람은 이 지역으로 이동하는 중에는 옛 선사인류들처럼 물가에 거주했을 것으로 보인다. 옛 선사인류는 슬기사람과는 다르게 사울 지역에는 도달하지 못했다. 옛 선사인류의 흔적이 오스트레일리아의 동쪽 지역에서만 나타나는 것이 그 증거라고 하겠다. 슬기사람이 오스트레일리아에 도달 할 수 있었던 까닭은 기후 때문이다. 초기의 슬기사람은 추운 기후에 적응하지 못해 동아시아의 내륙 지역보다는 해안과 좀 더 따듯한 지역인 순다와 사울 지역으로 이주하였던 것으로 보인다. 사울 지역은 지리적으로 떨어져 있어 유전자의 혼합이 별로 일어나지 않았다. 따라서 오스트레일리아 원주민 부족은 물론 최초의 이주자 이후 여러 차례의 이주자가 있지만 아프리카로부터 온 최초 이주자들의 유전적 특징을 잘 유지하고 있다.

유럽인들이 오스트레일리아에 들어오기 전에 오스트레일리아 원주민은 600여 개의 부족으로 나누어져 있었으며 각 부족은 500~1,000명 정도의 집단을 이루고 있었다. 이들은 족내혼을 했기에 자신들만의 유전적 특징을 유지할 수 있었다. 부족들의 mt DNA는 다양하게 나타나나 Y 염색체의 다양성은 거의 보이지 않는 데 이렇게 다양성이 나타나지 않는 것은 아마도 분가유전 Founder Effect 이나 아니면 부족 간의 일상적인 전쟁의 산물인 일부다처제의 결과이다. 이런 현상은 사울지역의 뉴기니아 사회에서도 같게 나타난다.

그림 28. 슬기사람의 오스트렐리아로의 이동. 슬기사람은 말라야반도와 중국대륙의 두 지역에서 이동해 왔다.

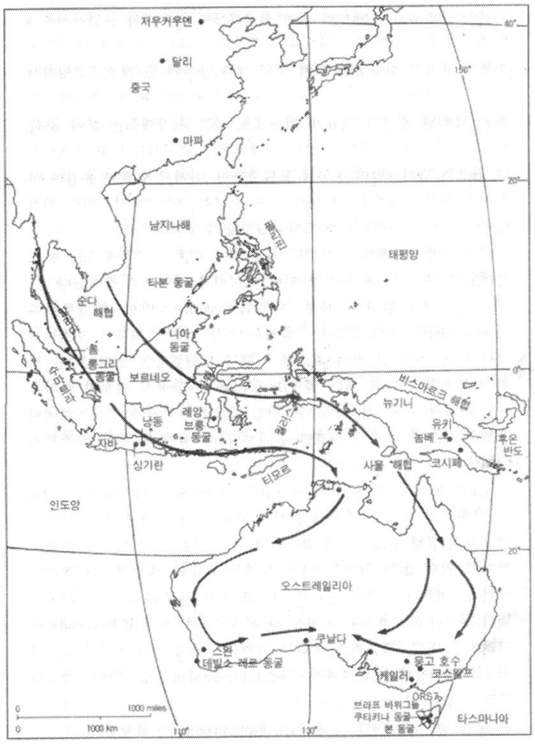

오스레일리아 원주민과 뉴기니아 사람들은 일부 차이가 있지만 오스트랄로이드로 구분되는데 이들의 체질적 특성은 아프리카의 사하라 남쪽 지역 사람들과 비슷하다. 이는 아마도 최초로 이 지역에 이주한 슬기사람이 지역적으로 고립되었기 때문이다. 물론 이들이 최초의 슬기사람을 대표 할 수 있는 지는 나중에 이주한 폴리네시아 주민들과의 관계를 정립해야만 그 실머리를 찾을 수 있다.

오스트레일리아 원주민 이외에도 아프리카를 떠난 최초의 이주자들의 흔적은 부족 단위로 남아 있다. 이들은 대부분이 숲에 사는 부족 집단으로 인도의 오스트랄로이드 첸츄스 족과 안하라 프라데쉬의 코야 족 및 안다만 섬과 말레시아, 필립핀 등에 사는 네그리토가 그들인데 특히 안다만 제도에 사는 주민들이 대표적인 경우이다.

50,000년 전 안다만 제도는 해수면이 낮아 미얀마 해안에서 불과 65km 정도 떨어져 최초의 이주자들이 쉽게 도달할 수 있었다. 안다만 제도의 주민들이 매우 호전적이고 식육을 한다는 소문에 오랜 동안 외부 세계와 단절되었다. 19세기 중반까지 안다만 제도에는 13개의 부족 집단이 있었는데 자신들의 고유한 언어와 영토를 지니고 있었다. 그러나 50여 년 간 영국의 식민지 통

치하에 주민들은 3명을 남기고 모두 서구 질환에 감염되어 절멸하였다. 작은 키에 검은 피부, 그리고 덥수룩하고 곱슬곱슬한 머리, 튀어나온 엉덩이는 마치 아프리카 피그미를 닮았다. 이들의 고향은 어디일까? 를 알기위해 한 명의 생존자와 이전에 죽은 주민 머리뼈에서 DNA를 채취하여 mt DNA와 Y 염색체 가계를 조사하였다. 결과 이들은 일찍이 아프리카를 떠난 이주자들의 유전 특징을 지녔으며 동시에 옛 아시아인 임이 밝혀졌다. 이들이 아프리카 피그미와 체질적으로 닮은 것은 숲속에서 살면서 아프리카 피그미와 가계는 다르지만 살면서 환경에 맞게 작은 키와 엉덩이에 지방이 많은 그런 모습으로 진화한 것으로 보인다. 한편 이들이 사용하는 언어 또한 아프리카에서 사용하는 클릭 언어와 비슷한 특징을 보여준다.

인도에서 유럽으로

고고학자들은 선사인류가 남긴 얼마 안되는 돌연모와 뼈연모 등을 바탕으로 후기구석기문화 담당자들의 삶을 복원하고자 하지만 쉬운 작업이 아니다. 심지어 연모를 제작한 선사인류를 구분하는 것도 쉬운 일이 아니다. 다행이 유전학자들의 연구가 고고학자들의 문제를 풀어주는 데 유용하다. "오리나시앙과 그레베땅 문화 담당자는 누구인가?" 하는 질문에 유전학자들이 신뢰할 수 있는 답을 제공한다.

이른 시기 유럽의 선사인류에 관한 중요한 연구가 영국의 휴터스필드 대학의 마틴 리챠드 Martin Richards에 의해 진행되었다. 그는 동료들과 파운더 분석 Founder Analysis이라는 주목할 방법으로 45,000년부터 최근까지 유럽으로 이주한 집단을 분석하였다. 리챠드는 파운더 분석을 mt DNA에 응용한 결과 최초로 유럽에 들어간 선사인류는 미토콘드리아 U5 가계에 속하는 오리나시앙 사람으로 밝혀졌다고 발표하였다. 리챠드의 연구는 오리나시앙사람이 처음 유럽에 도달했을 때의 수를 계산할 수는 없지만 U5 가계의 수효를 추정 한 바 현재 유럽인의 7% 정도는 최초로 유럽에 도달한 오리나시앙 사람의 후손이라고 밝히고 있다. 35,000년 전부터 15,000년 전 사이에 다른 가계의 집단이 이주했는데 유럽인의 87%는 마지막 빙하기가 끝나기 전에 유럽에 도달했으며 약 13% 정도의 J 가계의 주민이 10,000년을 전후해 유럽에 도달하였다. 이들은 신석기시대의 선구자로 농경기술을 가진 주민으로 중동의 레반트에서 유럽으로 이주하였다. 오늘날 유럽인의 집단은 마지막 빙하기에 유럽의 남쪽 이베리아 반도로 이주한 선사인류가 그 모체가 되었다. 그 후 15,000년 전 경 빙하가 물러가자 남쪽 지역에 거주하던 선사 인류가 북서지역으로 펴져 나갔는 데 V와 H 가계에 속하는 집단이다. 45~50% 정도의 유럽인 집단이 이 가계에 속하고 남서 프랑스와 북동지역의 스페인 에 걸쳐 살고 있는 바스크족의 60% 정도가 이에 속한다.

그림 29. 아프리카로부터 인도에 도달한 슬기사람의 일부는 북서쪽으로 방향을 틀어 15,000년 동안 천천히 이란과 터키를 거쳐 유럽에 도달하였다.

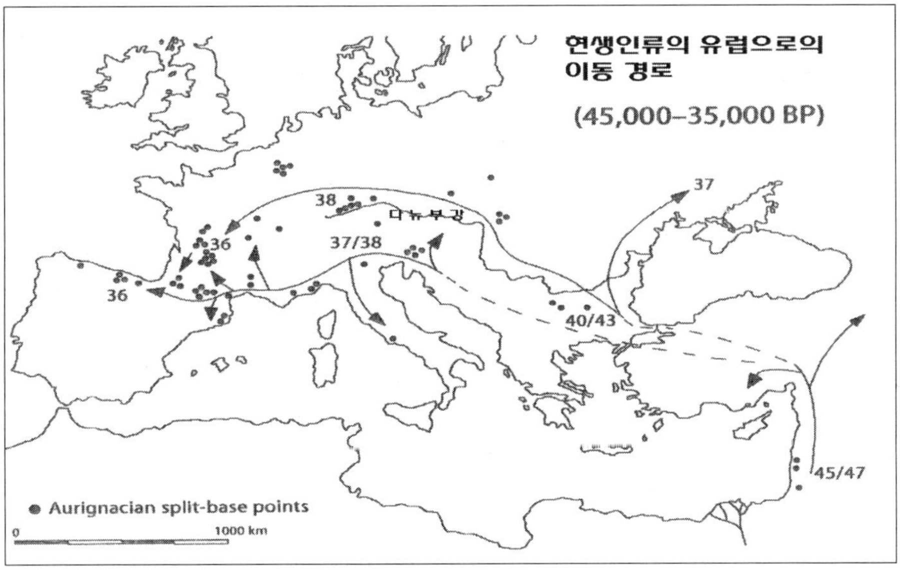

유럽에서 주민집단의 형성에 대한 리챠드 팀의 복원연구는 기대하지 않았던 효과를 러왔다. 오늘날 많은 유럽인들은 후기구석기시대에 유럽에 처음 이주한 선사인류의 후손이며 신석기시대에는 일부가 이주하였다는 사실이다. 리챠드 팀의 연구 이전에 고고학자들은 이와 반대되는 생각을 가지고 있었다. 즉 유럽에서 후기구석기문화를 가진 선사인류가 수렵-채집생활에서 정착생활로 전환해 가면서 새로운 농경기술을 익혔다는 것이다.

남성과 함께 여성도 이주하였기에 Y 염색체 가계도에 관한 연구도 mt DNA로 연구한 리챠드 팀의 연구 성과와 같은 결과를 가져왔다. 이에 대한 최근의 연구는 파비아 대학의 오르네라 새미노Ornella Semino와 스탠포드 대학의 피터 언더힐Peter Underhill에 의해 진행되었다. 그들의 연구에 따르면 유럽인 남성의 95% 가 Y 염색체 가계도 중 10개 가계에 속한다고 한다. Y 염색체 가계 중 어느 하나가 45,000년 전에 유럽에 이주한 mt DNA 가계인 U5 가계와 관련이 있는 지는 알 수 없다. 그러나 M173으로 알려진 돌연변이 유전자를 지닌 남성 가계가 40,000~35,000년 전에 유럽에 도달하였는데 이들이 오리나시앙 문화담당자일 것으로 판단하고 있다. 이어 두 번째로 Y 염색체을 지닌 인류가 중동지역에서 20,000~25,000년 사이에 이주해 왔는 데 이들은 M170 유전자를 지녔으며 그라베탕 문화 담당자로 규정하고 있다.

새미노 등의 유전학 연구가 고고학의 연구 성과와 학제적으로 연결될 때는 바람직한 결과를 얻을 수 있을 것이다. 유전학자들은 mt DNA와 Y 염색체 가계연구를 통해 언제 인류가 유럽으로 이주했는 지를 알 수 있으며 고고학자들은 이런 연구 결과를 문화적으로 차이가 나는 시대 구분에 적용하면 유럽의 후기구석기시대의 이해에 기여 할 수 있다.

또한 유전학 연구는 언어학자들이 인류 언어의 계통을 재구성하는데 많은 도움이 된다. 즉 현재 유전학 연구와 언어상 학제적 연계를 통해 알려 진 내용에 따르면 만일 10,000년 전에 mt DNA 가계 중 J 유전자를 지닌 인류가 신석기의 농경문화를 유럽에 전파했다면 오늘날 많은 유럽 언어들은 인도-유럽 언어로부터 파생했으리라는 결론에 도달한다.

동아시아로 향하여

아시아로 이동하던 슬기사람의 한 갈래는 순다지역의 남쪽 경계에서 동쪽으로 방향을 틀어 중국 해안을 따라 북상하여 중국과 한국, 일본, 그리고 캄차카 반도에 도달하였다. 이들은 해안선을 따라 북상하면서 사막이나 높은 산 같은 지형적 장애를 피하고 강을 따라 인도와 인도차이나, 중앙아시아 및 중국 내륙으로 펴져 나갔다. 이런 과정에서 슬기사람은 서쪽 지역의 선주민인 네안데르탈 사람과 동쪽 지역의 곧선사람의 후손과 직접적으로 충돌하였다. 슬기사람은 새로운 추운 환경에 적응하며 필요한 문화 도구를 만들 수 있을 때까지 기다려야 했다.

동아시아에서 선사인류에 관한 연구는 유럽만큼 잘 이루어 지지 않았다. 유럽과 아시아의 선사문화는 각기 다르게 발달하였지만 두 대륙사이에는 분명히 연관성이 있다. 그 중 한 예는 오리나시앙 문화를 유럽으로 전파한 남성 인류에 관한 것이다. Y 염색체 연구에 의하면 M173 돌연변이 유전자는 M3 돌연변이 유전자와 형제인데 이 유전자는 시베리아와 아메리카 인디언들이 지니고 있다. 이런 점으로 보아 이 두 유전자는 인도에서 같이 시작되었다. 유럽의 후기구석기 유적의 연대와 40,000~25,000년 전으로 알려진 시베리아와 바이칼 주변의 후기구석기 유적의 연대도 이런 사실을 뒷받침 한다.

유라시아 초원에서 사는 초식동물을 사냥하던 시베리아에서 살던 후기구석기사람들의 삶의 방법은 유럽의 후기구석기사람의 방법과 같았다. 마지막 빙하기가 오자 이들의 삶도 유럽 선사인류의 전철을 따랐다. 후기구석기시대에 시베리아는 유럽에 비하면 문화적으로 떨어진 지역이라고 할 수 있다. 그러나 마지막 빙하기에 시베리아 거주자들은 두 개의 역사적인 업적을 달성했다. 그 하나가 개의 가축화이며 또 다른 하나는 아메리카 대륙으로의 진출이다. 개의 사육화가 언제, 어떻게 이루어 졌는지는 논쟁 중이지만 일반적으로 약 15,000년 전에 사육화가 시작된 것으로 보인다. 아메리카 대륙으로 이동하는 시베리아 선사인류는 개와 함께 베링해를 건넜다. 개에 관한 유전자 연구는 5집단의 개가 신대륙으로 건너가 콜럼비안 시기 이전의 개의 조상이 되었음을 보여준다. 그러나 오늘날 이 개의 후손들은 신대륙에서 모두 사라지고 유럽에서 들어온 개들이 그 자리를 대신하였다.

동아시아의 경우 곧선사람의 후손이 얼마나 펴져 있었는 지 그리고 그들의 퇴장이 슬기사람의 진출과 관련이 있는 지에 관한 고고학적 증거는 별로 남아 있지 않다. 그러나 최근에 연구된 사람 몸에 기생하는 이가 두 인류 집단의 관계를 설명해주고 있다.

학자들의 연구에 의하면 사람 몸에 기생하는 이는 유전적으로 다른 역사를 지녔다고 한다. 즉 이는 두 집단으로 갈라지는 데 한 집단은 mt DNA와 같은 분포를 나타내며, 다른 집단은 1.8백만 년 전에 나타난 것으로 밝혀졌다. 이는 아주 특수화된 생명체로 사람 몸에 사는 이는 몸에서 몇 시간 만 떨어져도 살 수가 없다. 따라서 1.8백만 년 전에 살던 이는 고인류와 함께 살았으며 곧선사람의 조상인 이들이 아프리카를 떠날 때 함께 이주하였다가 50,000년 전 아시아에 도달한 슬기사람과 함께 이주한 이와 교체되었다.

동아시아에서 곧선사람과 슬기사람과의 관계를 보여주는 예로 인도네시아의 플로레스 섬에서 발견된 인류화석이 있는 데 화석의 연대는 95,000~13,000년 전 사이이다. 이들은 곧선사람의 축소형이지만 살았던 시기는 슬기사람이 살았던 시기와 겹쳐진다. 일단의 학자들은 플로레스에 살던 사람들의 작은 모습은 병리학적 현상이라고 주장하나 다른 학자들은 병리학적 증상이 아니라 이들이 곧선사람의 후손으로 환경에 적응한 결과라고 주장한다. 아마도 이들이 현생인류가 번성했던 시기에도 살아남을 수 있었던 것은 기본적으로 이들의 눈에 띄지 않았기 때문으로 보인다.

신대륙으로의 이동

후기구석기사람들이 시베리아에서 개를 가축화 하는 업적을 이루는 동안 동아시아에서 살던 일단의 선사인류는 역사에 또 다른 업적을 이루었으니 아메리카대륙으로의 이동이 그것이다. 오늘날 시베리아 주민집단과 아메리카 인디언의 유전적 비교를 통해 오랫동안 아메리카 대륙의 정착에 관한 언어학상 그리고 고고학상 논쟁에 매듭을 짓게 되었다.

아메리카 인디언은 600개 이상의 언어를 가졌는데 많은 언어학자들은 이들의 언어가 서로 다르며 여러 개의 계통에서 파생되었다고 한다. 지금까지 많은 학자들은 언어를 세분하는 것을 더 선호하였다. 이에 반해 스탠포드 대학의 죠셉 그린버그 Joseph Greenberg는 이런 전통적인 견해와는 다르게 모든 아메리카 인디언의 언어는 에스키모-알류트Eskimes-Aleuts(10개 언어), 나-다네Na-Dane(32개 언어) 및 아메린드Amerind(583 개 언어) 등 3개의 주요 어군으로 나누어진다고 주장한다. 나아가 그는 인디언의 치아와 면역체계 연구를 바탕으로 3개 언어군은 선사인류가 시베리아로부터 아메리카로 세 번에 걸쳐 이주한 것과 연관이 있다고 한다. 그린버그의 연구에 의하면 Amerind 군에 속하는 언어를 사용하는 선사인류는 12,000년 전 최초로 시베리아에서 남아메리카까지 이동하였으며 클로비스 문화를 이루었다고 주장한다. 클로비스 문화 담당자들은 11,500년 전 부터 11,000년 전까지 대평원에서 살았으며 맘모스와 들소를 사냥하였다. 이 시기에 맘모스와 다른 대형 동물들이 절멸하였는 데 이는 플라이스세가 끝나면서 환경이 변한 것도 한 원인이지만 인류의 사냥 습속도 절멸의 한 원인이었다.

그린번그의 연구에 따르면 아메린드 언어를 사용하는 선사인류가 아메리카 대륙에 들어 온지 수 천 년이 지난 후 나-다네 언어를 사용하는 주민집단이 북아메리카 북서지역에 이주하였는데 아파치, 나바호 인디언과 캐나다와 알라스카의 부족들이 이에 속한다. 끝으로 에스키모-알류트 언어를 사용하는 북극 주변의 주민집단이 이주하였다. 그러나 고고학자들은 칠레의 몬데 베르데 Monde Verde 유적의 예를 들어 적어도 12,500년 전에 선사인류가 이 지역에 살았다고 주장한다. 따라서 그린버그의 연구는 고고학적 증거와 종합하면 적어도 14,000년 이전에 남북 아메리카 대륙에는 인류가 없었다는 결론에 도달한다.

미토콘드리아 DNA로 연구를 진행한 월러스Wallace 등은 선사인류가 40,000~10,000 년 전에 아메리카 대륙으로 이주했다고 주장하나 대부분의 유전학자들은 상한 연대가 너무 오래되어 신빙성에 문제가 있다고 지적한다. Y 염색체의 연구는 그린버그의 연구 결과와 상당 부분 일치한다. Y 염색체 연구에 따르면 15,000~18,000년 이전에 아메리카 대륙에는 아직 선사인류가 도착하지 않았음을 보여준다.

한편 유전학상, 고고학상, 그리고 언어학상 연구를 종합한 런던대학의 앙드레 루이즈 리나레 Andres Ruiz-Linares연구에 의하면 아메리카 대륙에는 이 차에 걸쳐 선사인류가 이주하였음을 보여준다. 최초의 이주는 14,000년 전에 중앙 시베리아 남쪽 지역에서 시작되어 남북 아메리카 대륙으로 펴져 나갔으며 두 번째는 시베리아에서 캣츠Kets 가 살던 주거지로부터 이동하여 북아메리카 대륙으로 이주가 한정되었다고 한다. 이들이 사용하는 어어는 그린버그가 말한 나-다네 언어와 관련이 있다.

남아메리카의 경우 유전자표이에 따른 증거가 있다고 유전학자들은 말한다. 루이즈 리나레의 연구에 의하면 아마존 상류의 부족과 콜롬비아 북부 해안지대의 부족의 DNA를 비교한 결과 이들은 유전적으로 7,000~8,000년 전에 고립되었음을 밝히고 있다. 이 연구에 의하면 작으며 적대적인 집단으로 분화된 것은 선사인류가 최초로 남아메리카 대륙에 도달한지 얼마 되지 않아서임을 보여준다.

이렇게 작은 집단으로 갈라진 남아메리카 주민에 관한 연구는 왜 아메리카 대륙에 서 짧은 시간 중에 그렇게 많은 언어가 파생되었는지를 이해하게 해준다. 최근에 진행된 Y 염색체 연구는 그린버그의 언어학적 연구에 따른 결과를 보충해 준다. 즉 아메리카 대륙으로의 이주는 3 차례에 걸쳐 일어났는데 처음은 14,000~11,000년 전 베린지아를 통해 인류가 이동했으며, 보트 등을 이용하여 12,500년 전에는 남아메리카의 몬테 베르디까지 도달하였다. 두 번째 이주는 나-다네 언어를 사용하는 집단에 의해 일어났으며 마지막으로 에스키모-알류트 언어 사용자가 이주하였다. 오늘날 mt DNA 가계에는 3개의 언어를 사용하는 A, C, D 가계가 모두 포함되며 이들 사이에 혼합이 일어나면서 B와 X 가계가 발생했다.

그림 30. 슬기사람의 아메리카 대륙으로의 이동

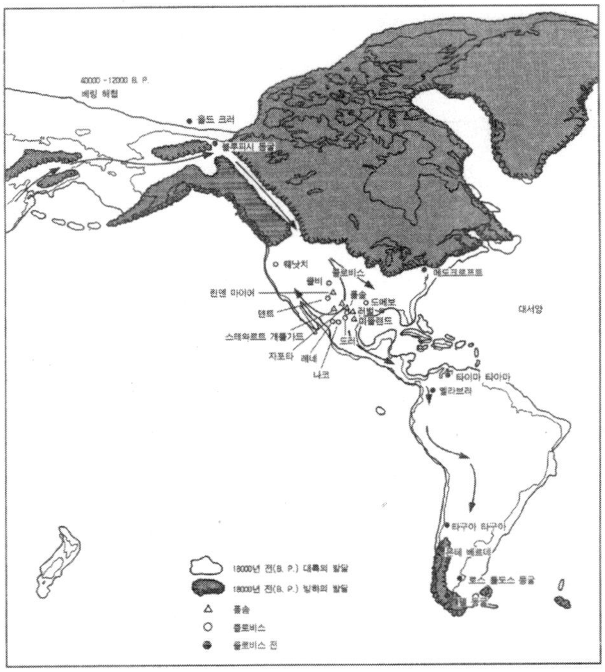

미토콘드리아 DNA와 추위

시베리아로부터 아메리카 대륙으로 이주한 선사시대 슬기사람 집단은 특별한 체질적 특성을 지녔다. 시베리아와 알라스카를 연결하는 베린지아는 물속에 잠기기 전에는 거대한 대륙이었다. 그렇다면 왜 작은 수의 집단만이 이 지역을 건너 아메리카대륙으로 들어 갈 수 있었을까? 시베리아와 베린지아는 사람이 살기에는 너무 추운 지역으로 따라서 미토콘드리아 가계인 A, C, D와 X 가계만이 추위에 적응하여 아메리카 대륙에 도달할 수 있었다. 월러스 등의 유전학 연구에 의하면 미토콘드리아는 추위에 특별히 강하다고 한다.

월러스의 연구에 의하면 인류의 미토콘드리아 가계는 대륙의 지형과 위도에 의해 영향을 받는다고 한다. 가장 오래된 가계인 L1, L2 그리고 L3는 특별히 사하라 남쪽 지역에서 나타난다. 이 중 L3 가계의 인류만이 북쪽으로 이동하여 북동 아프리카에 도달하였으며, L3 가계 중 딸의 후손인 M과 N 가계가 아프리카를 떠나 온대지역으로 이주하였다. 월러스는 이런 선사인류의 분포가 일반적으로 우연이 아니라 자연선택의 결과라고 한다.

미토콘드리아는 사람 몸에서 에너지와 열을 만들고 추운 지방에서 살아남는 데 필요하며 심지어 온대 지방에서도 미토콘드리아 유전자를 지닌 사람이 생존하는 데 유리하다. 미토콘드리아는 몸에서 열이나 아니면 에너지를 운반하는 ATP라는 화학물질로 나타난다. 이때 열과 ATP의 균형은 에너지 생산 시스템이 작동하는 미토콘드리아 유전자의 DNA 변화에 따라 변할 수 있다. 추운 기후에서 사는 주민은 화학적 에너지보다는 열을 더 많이 생산하는 편이 생존에 유리하다. 따라서 그들의 미토콘드리아 유전자는 환경의 압박에 따라 자연선택이 작동한다. 이의 관계를 연구한 월러스는 아메리카 인디언의 조상인 시베리아 거주자들에서 긍정적인 연구결과를 얻었다. 미토콘드리아 가계 중 A, C, D와 G는 특별히 극지방 주민에서는 일반적으로 나타난다는 사실을 알았다. 조사 대상 중 75%가 이 네 그룹에 속했으며 단지 아시아인의 14% 만이 온대지역에서 산다는 것을 알았다. 유럽인의 경우 H 가계에 속하는 사람들은 추위에 강하다는 것이 밝혀졌다.

미토콘드리아가 추위에 강하다는 사실은 왜 Y염색체 가계보다 미토콘드리아 가계가 지구상에서 제한적으로 나타나는 지를 설명한다고 월러스는 말하고 있다. Y 염색체는 대부분이 남성의 번식과 관련이 있으며 기후와는 연관이 없다고 한다. 이런 성질 때문에 넓은 지역에서는 남성이 여성보다 더 멀리 진출할 수 있으나 지리적으로 좁은 공간에서는 여성이 남성보다 더 멀리 움직이는 데 이는 대부분의 인류 집단은 남편의 가족과 동거하며 여성은 결혼 상대를 찾아 다른 사회로 이동하는 것을 의미한다. 추위에 적응할 수 있는 능력은 특히 마지막 빙하기에 인류 집단에 또 다른 중요한 의미가 있다. 마지막 빙하기에 유럽의 중부와 북부 지역은 얼음으로 덮혀 있었고 빙하가 물러가자 스페인과 우크라이나 등 남쪽 지역에 살던 집단이 다시 이 지역으로 이주해 왔다. 이런 현상은 유라시아의 동부 지역에서도 일어났으며 몽고로이드의 출현과 연관이 있다.

몽고로이드 집단의 출현

'몽고로이드'란 체질인류학에서 동아시아와 아메리카 인디언 중에 대표되는 머리뼈의 모양을 의미한다. 머리뼈 형태는 19세기에 인종구분의 바탕이 되었으며, 머리뼈 형태는 인종의 우열을 가늠하는 데 이용되기도 했다. 오늘날 머리뼈 재기는 순전히 형태만을 기술하는 것으로 주인공의 행위를 설명해 주지 않는다. 따라서 많은 재기항목을 통계적으로 처리하여 형태의 연관성을 찾고자 한다. 현재 동북아시아인의 머리뼈는 대개 넓은 머리에 넓적한 얼굴을 지닌 것으로 알려져 있다. 머리뼈는 뼈 두께로 볼 때 섬세한 모습으로부터 강건한 형태까지 나타나는 데 체질인류학자들에 따르면 몽고로이드 머리뼈는 섬세한 편에 속한다고 한다.

몽고로이드 머리뼈는 또한 특별한 형태의 치아를 지니고 있다. 사하라 남쪽 지역 주민과 유럽인들은 유전적으로 선사인류의 치아와 차이가 없는 치아형태를 지니고 있다. 그러나 남아시아와 폴리네시아, 오스트렐리아, 남중국과 옛 일본 주민은 순다돈트Sundadonty라는 형의 치아형태를 지니고 있으며, 북중국과 현대 일본 및 한국, 그리고 아메리카 인디언은 시노돈트Sinodont 형의 치아를 지니고 있다. 이렇게 몽고로이드는 두 유형의 치아-순다돈트와 시노돈트-형태를 지니고 있다.

고고학적으로 살펴보면 몽고로이드 머리뼈의 연대는 10,000년을 넘지 못했다. 물론 그 이전 시기에 선사인류가 동아시아의 중국과 한국 등에서 살았지만 거의 모든 머리뼈는 이른시기 슬기사람의 특징을 지녔다. 이는 몽고로이드 머리뼈 유형이 아주 최근의 진화 결과로 형성되었기 때문이다.

몽고로이드 주민이 왜 출현했는 지에 대해서는 잘 알 수 없으나 그 원인은 마지막 빙하기의 도래와 연관이 있다. 즉 몽고로이드는 유전자 표이의 결과라는 설명이다. 유전자 표이에 의해 한 유전자가 널리 펴져나가고 나머지는 사라지기도 한다. 한 유전자가 정착되려면 주민집단의 크기와 상관이 있는 데 작은 집단에서는 정착이 빠르게 진행되기 때문에 한 집단을 작은 집단으로 나누게 하는 요인은 유전자 표이와 진화상의 변화를 촉진시킨다. 마지막 빙하기에 동아시아의 북부지역에서 사는 주민집단들은 추위라는 환경조건 때문에 작은 집단으로 나뉘어 졌으며 분화된 작은 집단내에서 유전자 표이는 빠르게 정착되었다. 이 중에 몽고로이드 형의 머리뼈 유형이 우연에 의해 진화하여 이들 주민집단은 동아시아에서 우세해졌다는 설명이다.

또 다른 설명은 몽고로이드 머리뼈 유형은 자연선택의 결과라는 설명이다. 생물학자들은 몽고로이드형의 머리뼈는 추위에 적응한 결과라고 생각해왔다. 눈꺼풀에 지방이 많은 것은 눈동자를 추위로 부터 보호하기 위한 것이며, 창백한 피부는 몸이 비타민 D 합성을 필요로 하기 때문이고, 통통한 몸매는 열을 보존하기위한 필요에 의해서라고 설명한다. 이런 특징을 선호하는 유전자들은 마지막 빙하기의 5,000년 동안에 자주 출현 했을 것이다.

물론 유전자표이와 자연선택은 함께 작용한다. 빙하기에 동아시아의 주민집단의 생활영역은 위도 상 북부지역에 한정되었고 이 지역 내에서 많은 집단이 고립되었을 것이다. 그리고 추위라는 환경적 압박에 작은 집단 내에서 형태적 변화가 빠르게 정착되었을 것이다. 다시 말하면 몽고로이드의 체질적 특성을 선호하는 새로운 유전자가 추위라는 선택적 압박을 통해 한 작은 집단에서 일반적으로 펴졌을 것이다. 따라서 동아시아인 유럽인과는 다르게 독자적으로 밝은 피부를 지녔다. 또한 이들은 마른 형태의 귀지를 만들고 땀이 덜나게 하는 유전자를 가졌다. 15,000년 전 빙하가 물러가자 몽고로이드는 그들의 생활영역을 북쪽지역으로 확대하였다.

슬기사람이 처음 아프리카를 떠날 때는 오스트레일리아와 그 주변지역에서 사는 원주민처럼 검은 피부를 지녔다. 머리뼈 형태도 아주 많이 닮은 것처럼 아프리카를 떠난 슬기사람이나 아프리카 내에서 살던 슬기사람들 모두가 수 천 년 동안은 검은 피부를 지녔다. 그러나 어느 단계에서 유라시아의 동서 지역에서 살던 주민은 밝은 피부로 진화해 갔던지 아니면 밝은 피부를 지닌 주민에 의해 대체되었다. 언제 이런 일이 벌어졌느냐가 관심의 대상인데 대체가 일어났다면 아마도 그 시기는 마지막 빙하기일 것이다. 위도 상 북쪽 지역에 살던 주민 집단은 비타민 D 합성이나 20,000년 전에 진행된 성적 선택에 의해 밝은 피부를 가졌을 것이다. 빙하가 몰려오자 추운 환경에 적응하는 북쪽지역 거주자들은 천천히 추운 기후의 이동을 따라 남쪽으로 이동하였으며 추운 기후는 남쪽 지역에 사는 검은 피부를 지닌 집단을 더 남쪽으로 옮겨 가게 했을 것이다. 빙하가 물러가자 남쪽지역으로 이주한 밝은 피부를 지닌 후손들이 이 영역을 확장하였다.

위의 설명을 통해 왜 홀로세까지 코커조이드와 몽고로이드의 머리뼈의 지역적 변이가 나타나지 않는 것을 알 수 있다. 리챠드 클라인Richard Klein도 "이른시기 슬기사람에서 머리뼈는 현대인과 별다른 차이가 없다" 라고 말하며 "현대인에서 보이는 머리뼈 형태의 차이는 홀로세인 10,000~12,000년 전 사이에 일어났으며 이런 현상은 동아시아에서는 분명하며 유럽에서도 이와 유사한 현상이 일어났다" 고 주장한다.

후기구석기시대에 수렵-채집생활이 주를 이루어지만 마지막 빙하기말이 되면 이들의 삶의 방법도 점차 변하게 된다. 중동지방에서 최초로 정착 생활이 전 세계로 퍼져 자리를 잡기 시작하면서 후기구석기사람들의 수렵-채집의 삶도 마감을 고하게 된다.

한반도의 슬기사람과 한국인의 기원

한반도에서 출토된 구석기시대의 선사인류는 후기구석기시대에 살던 슬기사람으로 대부분 동굴 유적에서 출토되었다. 최초의 선사인류화석은 북한에서 발견되었으며 승리산과 역포, 용곡 및 만달 등이 대표되는 유적이다. 남한에서는 상시와 흥수 및 구낭굴에서 화석이 출토되었다. 오늘날 한국인의 뿌리로 알려져 있는 후기 구석기시대의 슬기사람이 어디에서 왔는지 하는 문제는 고인류학계에서 논쟁이 되고 있는 슬기사람의 기원문제와 밀접하게 관련이 되어 있다. 최근의 유전학적 연구에 따르면 슬기사람은 하나의 이동 루트를 따라 인도에 도달한 후 후 아시아와 유럽으로 이주한 것으로 밝혀졌다.

60,000~50,000년 전 슬기사람은 동아프리카를 떠나 홍해 남쪽의 좁은 해협(슬픔의 문으로 알려짐)을 건너 이리비이빈도의 남쪽 해인을 따라 인도에 도착하였다. 인도에서 북서쪽으로 방향을 잡은 슬기사람의 갈래는 이란과 터키 지역을 지나 유럽에 도달하여 선주민인 네안데르탈사람과 경쟁을 하였다.

인도를 떠나 아시아로 이동하던 슬기사람의 일부는 순다지역의 남쪽 경계에서 동쪽으로 방향을 틀어 중국 해안을 따라 북상하여 중국과 한국, 일본, 그리고 캄차카 반도에 도달하였다. 이들은 해안선을 따라 북상하면서 사막이나 높은 산 같은 지형적 장애를 피해 강을 따라 인도와 인도차이나, 중앙아시아 및 중국 내륙으로 펴져 나갔다. 이런 과정에서 슬기사람은 동아시아의 곧선사람 후손과 직접적으로 충돌하였다.

슬기사람은 위의 두 경로를 통해 이주하는 과정에서 자신들의 능력을 발휘하여 장애를 헤치고 주변 환경의 어려움을 극복해야 했다.

최근의 유전자 연구에 따르면 시베리아와 일본 등 동북아시아에는 37,000년 전에 한 큰 갈래가 도달했다고 한다. 그러나 이들은 북위 43도 선에서 발이 묶였는 데 아마도 추운 날씨와 툰드라/스텝 식생대에 적응할 시간이 필요했기 때문이다. 마지막 빙하기인 33,000~16,000년 사이에 지속된 메마르고 추운 기후는 해수면의 높이와 기후에 엄청난 변화를 초래하여 선사 인류는 해안가에서 많은 주거지를 포기하였다. 16,000년 전 이후 기후는 따뜻해졌지만 해수면은 여전히 지금에 비해 100m 정도 낮았다. 이 시기에 슬기사람의 이동이 시작되어 베링해를 건너 북아메리카 대륙으로 이동하였다.

마지막 빙하기가 시작되는 시기에 황해가 육지로 변하자 이 지역에 도달했던 갈래의 일부가 한국과 일본으로 펴져 나갔다고 여겨지는데 최근 한국의 서남해지방과 일부 내륙지방 그리고 일본과 중국에서 발견되는 작은 몸돌석기의 친연성은 바로 이 시기에 같은 문화전통을 지닌 후기

구석기문화 담당자들이 동북아시아일대에 작은 집단을 이루며 널리 퍼져 살았던 증거로 여겨진다.

마지막 빙하기에 주민집단의 생활영역은 위도 상 북부지역에 한정되었고 이 지역내에서 많은 집단이 고립되었을 것이다. 한반도를 포함한 동아시아의 북부지역에서 사는 주민집단들은 추위라는 환경조건 때문에 작은 집단으로 나뉘어 졌으며 분화된 작은 집단내에서 유전자표이는 빠르게 정착되었다. 그리고 추위라는 환경적 압박에 작은 집단내에서 형태적 변화가 빠르게 정착되었을 것이다. 다시 말하면 몽고로이드의 체질적 특성을 선호하는 새로운 유전자가 추위라는 선택적 압박을 통해 한 작은 집단에서 일반적으로 펴졌을 것이다.

후기구석기사람인 슬기사람이 동북아시아로 펴져나가는 과정 중에 이 지역에서 먼저 살고 있던 곧선사람의 후손들과 유전자 교환이 있었으며 그 결과 이들의 유전적 특징을 (예:이빨 등) 일부 물려받았다고 생각된다. 한편 16,000년을 전후한 시기에 만주를 지난 후기 구석기인의 일부가 바이칼호 주변지역에 도달했으리라 가늠되며 이 지역에서는 20,000~10,000년 전 사이에 시베리아 초원지대를 지나 동쪽으로 이동해온 유럽인의 조상인 유럽의 슬기사람 갈래와 동북아시아에서 이동해 온 슬기사람과의 유전자 교류가 있었다고 가늠된다.

마지막 빙하가 물러가고 기후가 따뜻해지자 동북아시아의 지형은 오늘날과 같은 모습으로 바뀌었다. 인류와 동물들은 더 이상 황해를 지나 이동할 수가 없게 되었으며, 오직 한반도의 북부지역만이 대륙과 연결되어 남북방향으로의 이동만이 가능하게 되었다. 빙하기에 한반도에서 살던 슬기사람은 이 지역에서 고립되었으며 추운 시기에 자연선택에 의해 얻은, 추운 환경에 적응할 수 있었던 체질상의 특성을 보존하게 되었다고 가늠된다.

빙하기 이후 따뜻한 기후와 함께 신석기시대가 시작되면서 동북아시아에는 새로운 문화전통이 북쪽으로부터 남쪽으로 이동한 증거들이 나타난다. 이 시기에 한반도에서 발견된 주민의 머리뼈는 후기구석기시대 슬기사람의 머리뼈와는 형태와 크기에서 커다란 변화를 보여주고 있는데 이는 자연환경의 변화에 따른 변화라기보다는 새로운 유전자가 유입됐을 가능성이 더 크다고 할 수 있다. 이 시기의 머리뼈는 북방지역의 머리뼈보다는 북중국의 산동 용산문화 담당자들 및 앙소문화 담당자들과 매우 가까운 정도를 보이고 있다.

청동기시대의 머리뼈는 신석기시대의 머리뼈와 별 차이를 보이지 않는 점에서 이 지역에서 커다란 유전자의 이동이 없었던 것으로 여겨지며 한반도의 청동기시대 머리뼈들은 다른 지역보다는 동북아시아 북부지역 출토머리뼈들 (하북성, 길림성, 요녕성)과 가까운 특징을 보여준다.

이렇게 한국인의 체질적 특징 중 추운 기후에서 적응하던 특징들이 나타나는 것은 추운 지방으로부터의 이동에 의한 것이라기보다는 추운 시기에 한반도를 포함하여 동북아시아일대에 살던 인류들에서 일반적으로 보이는 특징으로, 환경에 대한 적응 결과로 보는 것이 보다 논리적이라고 할 수 있다. 이런 특징은 신석기시대에 이르러 새로운 유전자의 유입이 있었다고 가늠되지만 후손들이 살아가는데 필요한 특성이기 때문에 계속해서 전달되었다고 여겨진다.

한편 한국인과 이웃하는 주민들과 어떤 관계가 있는지에 관한 연구는 20세기 초에 비로소 소수 외국학자들에 의해서는 시도되었다. 해방 이후 남북한에서 진행된 연구는 한국인의 인류학적 위치에 관한 일치된 견해를 찾기 어려우나, 중국의 북동쪽과 우리나라에 살던 옛사람들은 동북아시아에서 같은 갈래였다는 데에 대체적으로 의견을 같이하고 있는데, 실제로 이 지역에서 출토된 옛사람들의 생김새의 특징에 따른 유전거리는 이를 뒷받침하고 있다.

한편 1980년에 오면서 지금 사람의 유전인자를 먼저 밝히고 주변 주민들의 유전인자를 비교하는 유전학의 연구가 그 중요성을 더해 주고 있으며 이러한 연구는 주로 중국에 사는 한국인에 관해 주로 중국학자들에 의해 진행되고 있다. 이렇게 머리뼈와 다른 체질적인 특징 및 유전학적 연구의 결과에 따르면 한국인 뿌리는 동북아시아 갈래 중 북쪽 갈래의 특징을 많이 지니고 있으며, 일부 남쪽 지역의 특징도 섞여 있다. 지역적으로는 중국의 동북부, 만주, 한반도에서 오래 살았으며 비교적 다른 집단과의 섞임이 적었다고 여겨진다.

에필로그

인류의 가장 먼 조상은 7백만 년 전에 나타났으나 최초로 연모와 불을 사용하기 시작한 것은 약 2.5백만 년 전의 일이다. 그 이후 인류를 자신의 유전자를 지속적으로 이어 나갔으며, 이들의 후손인 늦은 시기의 인류인 해부학상 슬기사람은 약 20~15만 년 전에 남아프리카에서 시작하여 10만 년 전을 전후해서 중동 지방에 도달하였다.

그러나 해부학상 슬기사람이 오늘날의 우리와 똑같은 존재를 의미하는 것은 아니라는 점을 염두에 두어야 한다. 우리와 똑같은 인류를 자의식을 갖춘 존재라고 정의한다면 이렇게 자의식을 가진 선사인류인 슬기사람이 처음으로 나타나는 60,000~50,000년 이후 시기를 바로 우리와 똑같은 인류가 나타나는 시기라고 생각할 수 있다.

선사인류가 자의식을 지녔는가에 대한 여부는 이들에게서 예술의 행위가 언제부터 출현했는가에 달려있다. 선사인류에 의한 예술 행위의 증거들은 35,000년 전 소위 크로마뇽 사람으로 알려진 슬기사람에 와서야 비로소 나타난다. 또한 복잡하고 정교한 기술을 바탕으로 한 문화가 짧은 시기 동안에 발달하였으며, 이런 문화를 지닌 슬기사람들은 전 세계로 퍼져 나갔다. 이제 인류는 미래에 어떤 운명을 맞이할 것인가 하는 문제가 바로 우리가 풀어야 할 과제 중의 하나이다.

참고문헌

박선주 역, 1992. 『인류의 기원과 진화 : In the Age of Mankind(Roger Lewin 저』(, 韓國學術振興財團飜譯叢書, 教保文庫.

박선주. 1992. 『체질인류학』(대우학술총서 78), 민음사.

박선주, 1996 『인류의 시대』, 혜안.

박선주. 1999. 『고인류학』 (대우학술총서 445), 아르케.

박선주, 1999. 『인류의 기원과 진화』, 충북대학교 출판부.

박선주, 2003. 『생물인류학』 도서출판 개신

Akazawa, T., and S. Muhesen. 2003. Neanderthal Burials: Excavations of the Dederiyeh Cave, Afrin Syria. Auckland, NZ: KW Publications

Alexeev, V. P. 1986. The Origin of the Human Race. Moscow: Progress Publishers.

Andrews, P., and Van Couvering, J.H. 1975. "Paleoenvironments in the East African Miocene." in Approaches to Primate Paleobiology, Contribution to Primatology, vol. 5, ed. F.S. Szalay (Basel: Karger).

Andrews, P., and J. E. Cronin. 1982 The relationships of Sivapithecus and Ramapithecus and the evolution of the orang-utan. Nature 297: 541-546.

Arambourg, C. 1955. A recent discovery in human paleontology: Atlanthropus of Ternifine(Algeria). Amer. J. Phys. Anthropol. 13: 191-202.

Ardrey, R. 1961. African Genesis. New York: Atheneum.

Argue, D., D. Donlon, C. Groves, and R. Wright. 2006. Homo floresiensis: Microcephalic, pygmoid, Australopithecus, or Hom? J. Hum. Evol. 51: 360-374.

Arsuaga, J.-L., I. Martinez, A. Gracia, J-M. Carretero, and E. Carbonell. 1993. There new human skulls from the Sima de los Huesos Middle Pleistocene site in Sierra de Atapuerca, Spain. Nature 362: 534-537.

Bahn, P., and J. Vertut. 1988. Images of the Ice Age. New York: Facts on File.

Bendall, D.S., ed. 1983. Evolution from Molecules to Men. Cambridge: Cambridge University Press.

Binford, L. R. 1981. Bones: Ancient Men and Modern Myths. New York: Academic Press.

Bishop, W. W., and Miller, J. A., eds. 1972. Calibration of Hominoid Evolution. Edinburgh: Scottish Academic Press.

Black, D. 1927. On a lower molar hominid tooth from the Chou Kou Tien deposit. Palaeont. Sinica, Ser. D, 7: 1-29.

Black, D. 1931. Evidences of the use of fire by Sinanthropus. Bul. Geol. Soc. China 11: 107-108.

Bowler, P.J. 1986. Theories of Human Evolution: A Centry of Debate, 1844-1944. Baltimore: Johns Hopkins University Press.

Brain, C. K. 1981. The Hunters or the Hunted? An Introduction to African Cave Taphonomy. Chicago: University of Chicago Press.

Bräuer, C. 1984. A craniological approach to the origin of anatomically modern Homo sapiens in Africa and implications for the appearance of modern Europeans, In The Origins of Modern Humans: A World Survey of the Fossil Evidence, F. H. Smith and F. Spencer, eds, New York: Alan R. Riss, 327-410,

Broom, R. 1937. The Sterkfontein ape. Nature 139: 126.

Broom, R., and J.T. Robinson. 1949. Man contemporaneous with Swartkrans ape-man. Amer. J. Phys. Anthropol. 8: 151-156.

Broom, R., and G.W.H. Schepers. 1946. The South African fossil ape-man. The Australopithecinae. Transvaal Museum Memoir 2: 1-271.

Brunet, M., F.Guy, D. Pilbeam, H. T. Mackaye, A. Likius, D. Ahounta, A. Beauvilain, C. Blodel, H. Bocherens, J.-R. Boisserie, L.De Bonis, Y Coppens, J.Dejax, C. Denys, P. Duringer, V. Eisenmann, G. Fanone, P. Fronty, D.Geraads, T. Lehmann, F. Lihoreau, A. Louchart, A. Mahamat, G. Merceron, G.Mouchelin, O. Otero, P.P. Campomanes, M. Ponce de León, J.-C. Rage, M. Sapnet, M. Schuster, J. Sudre, P.Tassy, X. Valentin, P. Vignaud, L. Viriot, A. Zazzo, and C. Zollikofer. 2002. A new hominid from the Upper Miocene of Chad, Central Africa. Nature 418: 145-151.

Busk, G. 1864. Pithecan priscoid man from Gibraltar. The Reader, 23 July 1964.

Cambell, B. G. 1985. Humankind Emerging. 4th ed. Boston: Little, Brown.

Cann, R. L., M. Stoneking, and A. C. Wilson. 1987 Mitochondrial DNA and human evolution. Nature 325: 31-36.

Caramelli, D., C. Lalueza-Fox, C. Vernesi, M. Lari, A casoli, F. Mallegni, B. Chiarelli,

I.Dupppanloup, J. Bertranpetit, G. Barbujani, and G. Bertorelle. 2003. Evidence for a genetic discontinuity between Neandertal and 24,000 year old anatomically modern Europeans. Proc. Natl.Acad. Sci. 100: 6593-6597.

Cartmill, Matt. 1982. "Basic Primatology and Prosimian Evolution." In A History of American Physical Anthropology, edited by Frank Spencer. New York: Academic Press, pp.147-186.

Ciochon, R. L., and Corruccini, R. S., eds. 1983. New Interpretations of Ape and Human Ancestry. New York: Plenum Press.

Clark, J. D., B. Asfaw, C. Assefa, J. W. K. Harris, H. Kurashina, R. C. Walter, T. D. White, and M. A. J. Williams. 1984 Paleoanthroplogical discoveries in the Middle Awash Valley, Ethiopia. Nature 307: 423-428.

Clarke, R. J. 1990. The Ndutu cranium and the origin of Homo sapiens. J. Hum. Evol. 19: 699-736.

Clark, W. E. Le Gros. 1967. Man-Apes or Ape-men? New York: Holt, Rinehart and Winston.

Conroy, G. C. 1990. Primate Evolution. New York: Norton.

Conroy, G.C. 1997. Reconstructing Human Origins: a Modern Synthesis. New York : W.W. Norton Company.

Coppens, Y., Howell, F. C., Isaac, G. L., and Leakey, R. E. F., eds. 1976. Earliest Man and Environments in the Lake Rudolf Basin. Chicago: The University of Chicago Press.

Currat, M., and L. Excoffier. 2004. Modern humans did not admix with Neandertals during their range expansion into Europe. PLoS Biology 2: 2264-2274.

Darwin, C.R. 1859. On the Origin of Species by Means of Natural Selection: Or the Preservation of Favoured Races in the Struggle for Life. London: John Murray.

Dart, R.T. 1925. Australopithecus africanus: the man-ape of South Africa. Nature 115: 195-199.

Dart, R.T. 1948. The Makapansgat proto-human Australopithecus prometheus. Amer. J. Phys.

Anthropol. 6: 259-285.

Dart, R.A. 1957. The osteodontokeratic culture of Australopithecus prometheus. Transvaal Museum Memoir 10: 1-105.

Darwin,C.R. 1871. The Descent of Man in Relation to Sex. London: John Murry.

Dawson, C., and A.S. Woodward. 1913. On the discovery of a Paleolithic human skull and mandible in a flint-bearing gravel overlying the Wealden(Hastings Beds) at Piltdown, Fletching, (Sussex) Ouart. J. Geolo.Soc. London 69: 117-151.

Day, M. H. 1985. Guide to Fossil Man. 4th ed. Chicago: The University of Chicago Press.

Day, M. H., R. E. F. Leakey, A. C. Walker, and B. A. Wood. 1976. New hominids from East Turkana, Kenya. Amer. J. Phys Anthropol. 45: 369-436.

De Lumley, M.-A., and D. Lordkipanidze. 2006. L'homme de Dmanissi(Homo georgicus) il y a 1 810,000 ans. Paléontologie humaine et Préhistoire 5: 273-281.

Derek, B. 1990. Language and Species. Chicago: University of Chicago Press.

Dobzhansky, T. 1937. Genetics and the Origin of Species. New York: Columbia University Press.

Dobzhansky, T. 1944. On Species and races of living and fossil man. Amer. J. Phys. Anthropol. 2: 251- 265.

Dubois, E. 1933. The shape and the size of the brain in Sinanthropus and in Pithecanthropus. Proc. Kon. Ned. Akad. Wet. 36: 415-423.

Eiseley, Loren. 1961. Darwin's Century. New York: Doubleday Anchor Books.

Eldredge, N. 1985. Time Frames: The Rethinking of Darwinian Evolution and the Theory of Punctuated Equilibria. New York: Simon & Schuster.

Eldredge, N., and J. Cracraft. 1980. Phylogenetic Patterns and the Evolutionary Process. New York: Columbia University Press.

Eric Delson ed., 1985. Ancestors: The Hard Evidence. New York: Alan R. Liss, Inc.

Feng-Chi Chen and Wen-Hsiung Li. 2001. Genomic Divergences between Humans and Other Hominoids and the Effective Population Size of the Common Ancestor of Humans and Chimpanzees. American J. Human Genetics. 68: 444-456.

Finlayson, C. 2004. Neanderthals and Modern Humans: An Ecological and Evolutionary Perspective. Cambridge, UK: Cambridge University Press.

Frederik, J. Newmeyer. 2003. What Can the Field of Linguistics Tell Us about the Origins of Language?. In Language Evolution, H. Christiansen and Simon Kirby. Oxford University Press.

Gibbons, A. 2006, The First Human: The Race to Discover Our Earliest Ancestors. New York: Doubleday.

Gregory, W. K. 1939. The South African fossil man-apes and the origin of the human dentition. J. Amer. Dental Assoc. 26: 645.

Gowlett, J. 1984. Ascent to Civilization: The Archaeology of Early Man. New York: Knopf.

Güldemann, T., and R. Vossen. Khoisan In B. Heine and D. Nurse, eds. African Languages. Cambridge University Press.

Harcourt-Smith , W.E.H. 2007. The origins of bipedal locomotion In Handbook of Paleo-anthropology. Vol. 3, W. Henke and I. Tattersall, eds. New York: Springer, 1483-1518.

Hennig, W. 1950. Grundzuge einer Theorie der phylogenetischen Systematik.(Phylogenetic Systematics. Urbana: University of Illinois Press, 1966 translation)

Haile-Selassie, Y. 2001. Late Miocene hominids from the Middle Awash,Ethiopia. Nature 412: 178-181.

Haile-Selassie, Y., G. Suwa, and T.D. White. 2004. Late Miocene teeth from Middle Awash, Ethiopia, and early hominid evolution. Science 303: 1503-1505.

Howell, F. C. 1952. Pleistocene glacial ecology and the evolution of "Classic Neanderthal" man. Southwest. J. Anthropo. 8: 377-410.

Hrdliča, A. 1927. The Neanderthal phase of man. J. Roy. Anthropology Inst. 57:249-274.

Hrdliča, A. 1930. The Skeletal Remains of Early man. Smithsonian Misc. Coll. 83.

Holloway, R. L. 1983. “Human Paleontological Evidence Relevant to Language Behavior.” Human Neurobiology 2:105-114.

Hooton, E.A. 1931. Up from the Ape. New York, Macmillan (2nd ed., 1946).

Howell, F. C. 1978. “The Hominidae.” In Evolution of African Mammals, eds. V.J. Maglio and H. B. S. Cooke. Cambridge, Mass.: Harvard University Press, pp. 154-248.

Hublin, J -J. 1998. Climatic changes, paleogeography, and the evolution of the Neandertals. In Neandertals and Modern Human in Western Asia, T. Akazawa, K. Aoki, O. Bar Yosef, eds. New York:Plenum Press, 295-309.

Huxley, T.H. 1863. Evidence as to Man's Place in Nature. Reprinted as Man's Place in Nature. Ann Arbor: University of Michigan Press, 1959.

Isaac, G. L. 1978. The food-sharing behavior of proto-human hominids. Scientific American 238: 90-108.

Isaac, G. L., and McCown, E.R., eds. 1976. Human Origins: Louis Leakey and the East African Evidence. Menlo Park, Calif.: W. A. Benjamin.

Johanson, D. and Edey, M. 1981. Lucy: The Beginnings Humankind. New York: Simon and Schuster.

Johanson, D. D., and T. D. White. 1979 A systematic assesment of early African hominids. Science 202: 321-330.

Johanson, D. D., T. D. White, and Y Coppens. 1978. A new species of the genus Australopithecus(Primates: Hominidae) from the Pliocene of eastern Africa. Kirtlandia 28: 1-14.

Johanson, D. C., and J. Shreeve. 1989. Lucy's Child: The Discovery of a Human Ancestor. New York: William Morrow.

Keith, A. 1913. The Piltdown skull and brain cast. Nature 92:107-109, 197-199,292, 345-346.

Kimble, W.H., Y. Rak, and D.C. Johanson. 2004. The Skull of Australopithecus afarensis. New York: Oxford University Press.

King, W. 1863. The Neandertal skull. Anthropological Review 1:393-94.

Klein, R.G. 1989. The Human Career : Human Biological and Cultural Origins. Chicago and London: The University of Chicago.

Knight, A. 2003. African Y Chromosome and mt DNA divergence Provides Insight into the History of Click Languages. Current Biology 13: 464-473.

Koenigswald, C.H.R. von. 1942. the South African Man-Apes and Pithecanthropus. Carnegie Inst. Publ. 530: 205-222.

Koenigswald, C.H.R. von. 1956. Meeting Prehistoric Man. New York: harper & Bros.

Koenigswald, C.H.R. von, and F. Weidenreich. 1939. The relationship between Pithecanthropus and Sinanthropus. Nature 144: 926-927.

Krause, J., L. Orlando, D. Serre, B. Viola, K. Prüfer, M. P. Richards, J.J Hublin, C.Hänni, A.P. Derevianko, and S. Pääbo. 2007. Neanderthals in central Asia and Siberia. Nature 449:

902-904.

Krings, M., A. Stone, R.W. Schmitz, H. Krainitzki, M. Stoneking, and S. Pääbo. 1997. Neanderthal DNA sequences and the origin of modern humans. Cell 90:19-30.

Lai, C.S.L., S. E. Fisher, S.E, Hurst, J. A. Faran, Vargha-Khadem, and A. P. Monaco. 2001. A Forkhead Domain Gene is Mutated in a Severe Speech and Language Disorder. Nature 413: 519-523.

Lalueza-Fox, C.J.Krause, D. Caramelli, G. Catalano, L. Milani, M.L. Sampierto, F. Calafell,

Cayetana Martinez-Maza, M. Bastir, A. García-Tabernero, M. de la Rasilla, J. Fortea, S. Pääbo, J Bertranpetit, and A Rossa. 2006. Mitochondrial DNA of an Iberian Neandertal suggests a population affinity with other European Neandertals. Curr. Biol. 6: R629-R630.

Leakey, L. S. B. 1959. A new fossil skull from Olduvai. Nature 184: 491-493.

Leakey, L. S. B. , J. F. Evernden, and G. H. Curtis. 1961. Age of Bed I, Olduvai Gorge, Tanganyka. Nature 191: 478-479.

Leakey, M. D. 1966. A review of the Oldowan culture from Olduvai Gorge, Tanzania. Nature 210: 462-466.

Leakey, M. D. 1971. Olduvai Gorge, Vol. 3. Cambridge: Cambridge University Press.

Leakey, M. G., C.S. Feibel, I. McDougall, C. Ward, and A. Walker. 1995. New four-million-year-old hominid species from Kanapoi and Allia Bay, Kenya. Nature 376: 565-571.

Leakey, M.G., F. Spoor, F.H. Brown, P.N. Gathogo, L.N. Leakey, and I. McDougall. 2001. New hominin genus from eastern Africa shows diverse middle Pliocene lineages. Nature 410: 433-440.

Leakey, R.E.F., and Walker, A. 1976. Australopithecus, Homo erectus and the Single Species Hypothesis. Nature 261:572-574.

Leakey, R., and R. Lewin. 1992. Origins Reconsidered: In Search of What Makes Us Human. New York: Doubleday.

Lewin, R. 1987. Bones of Contention: Controversies in the Search for Human Origins. New York: Simon & Schuster.

Lewis, C. E. 1934. Preliminary notice of man-like apes from India. Amer.J. Sci. 27: 161-179.

Lovejoy, C.O. 1981. The Origin of Man. Science 211: 341-350.

Luckett, W. P., and Szalay, F. S., eds. 1975. Phylogeny of the Primates. New York: Plenum Press.

Manzi, C. 2004. Human evolution at the Matuyama-Brunhes boundary. Evolutionary Anthropology 13: 11-24.

Marlow, F.W. 2005. Hunter-Gatherers and Human Evolution. Evolutionary Anthropology 14: 54-67.

Mayr, E. 1950. Taxanomic categories in fossil hominids. Cold Spring Harbor Symp. Quant. Biol. 15: 109-118.

Mayr, E 1982. The Growth of Biological Thought: Diversity, Evolution, and Inheritance. Cambridge, MA : Belknap Press.

Mayr, E., and Provine, W.B. 1980. The Evolutionary Synthesis. Cambridge: Harvard University Press.

McBrearty, S., and A.S. Brooks. 2000. The revolution that wasn't: A new interpretation of the origin of modern human behavior. J. Hum. Evol. 39: 453-463.

McCown, T., and A. Keith. 1939. The Stone Age of Mount Carmel, Vol. 2. Oxford: Clarendon Press.

Mellars, P. 2006. Why did modern human populations disperse from Africa ca. 60,000 years ago? A new model. Proc. Natl. Acad. Sci. 103: 9381-9386.

Milner, R. 1990. The Encyclopedia of Evolution: Humanity's Search for Its Origin. New York: Facts on File

Moorehead, Alan. 1969. Darwin and the Beagle. New York: Harper & Row.

Morwood, M.J., P. Brown, Jatmiko, T. Sutikna, E.W. Saptomo, K.E. Westaway, R.A. Due,

R.G. Roberts, T. Maeda, S. Wasisto, and T. Djubiantono. 2005. Further evidence for small-bodied hominins from the late Pleistocene of Flores, Indonesia. Nature 437: 1012-1017.

Movius, H. 1973. The Abri Patauo program of the French Upper paleolithic in retrospect. In Archaeological Research in Retrospect, G. Willey, ed. Cambridge, MA: Winthrop, 87-116.

Oakley, K. P., Campbell, B. G., and Molleson, T. I. 1971. Catalogue of Fossil Hominids. Part II: Europe. London: British Museum (Natural History).

Oakley, K. P., Campbell, B. G., and Molleson, T. I._1975. Catalogue of Fossil Hominids. Part

III: Americas, Asia and Australia. London: British Museum (Naural History).

Oakley, K. P., Campbell, B. G., and Molleson, T. I. 1977. Catalogue of Fossil Hominids. Part I: Africa. Rev. ed. London: British Museum (Natural History).

Pearson, O., Cordero, R.M., and Busby, A.M. 2006. How different were the Neanderthals' habitual activities? A comparative analysis with diverse groups of recent humans. In Neanderthal Revisited: New Approaches and Perspectives, Harvati, K., and Harrison, T., eds. Dordrecht: Springer, 135-156.

Pascal Gagneux. 1999. Mitochondrial Sequences Show Diverse Evolutionary Histories of African Hominoids. Proceeding of the National Academy of Sciences 96: 5077-5082.

Pilbeam, D. 1984. The Descent of Hominoids and Hominids. Scientific American 250:84-96.

Pickford, M., and Senut B. 2001. The geological and faunal context of Late Miocene hominid remains from Lukeino, Kenya. Earth Planet. Sci. 332: 145-152.

Pritchard, J.K., Seielstad, A. Perez-Lezuan, M.W. Feldman. 1999. Population Growth of Human Y Chromosomes: A Study of Y Chromosome Micro-satellites. Molecular Biology and Evolution 16: 1791- 1798.

Reader, J. 1981. Missing Link : The Hunt for Earliest Man. Boston & Toronto: Little, Brown and Company.

Richard G. Klein. 1999. The Human Career, 2nd ed. University of Chicago Press.

Rightmire, G. P. 1990. The Evolution of Homo erectus: Comparative Anatomical Studies of Extinct Human Species. New York: Cambridge University Press.

Rightmire, G.P., D. Lordkipanize, and A Vekua. 2006. Anatomical descriptions, comparative studies, and evolutionary significance of the hominin skulls from Dmanish, Republic of Georgia. J. Human Evol. 50: 115-141.

Robert B., and Silk, J.B. 1997. How Human Evolved New York: W.W. Norton & Company.

Roger Lewin and Robert A. Foley. 2004. Principles of Human Evolution (2nd ed.)

Sarich, V. M., and A. C. Willson. 1967. Immunological time scale for hominid evolution. Science 158: 12-1203.

Schick, K. D., and N. Toth. 1993. Making Silent Stones Speak. New York: Simon & Schuster.

Schoetensack, O. 1908. Der Unterkiefer des Homo heidelbergensis aus den Sanden von Mauer bei Heidelberg. Leipzig:Engelmann.

Schwartz, J. H., and I. Tattersall. 2005. The Human Fossil Record, Vol. 4:Craniodental Morphology of Early Hominids (Genera Australopithecus, Paranthropus, Orrorin) and Overview. New York: Wiley-Liss.

Senut, B., M. Pickford, D. Gommery, P. Mein, K. Cheboi, and Y Coppens. 2001. First hominid from the Miocene(Lukeino Formation, Kenya). Earth Planet. Sci. 332: 137-144.

Serre, D., A. Langaney, M. Chech, M. Teschler-Nicola, M. Paunovic, P. Mennecier, M. Hofreiter, G. Possnert, and S. Pääbo. 2004. No evidence of Neandertal mtDNA contribution to early modern humans. PLos Biology 2: 313-317.

Shapiro, H. 1974. Peking Man: The Discovery, Disappearence and Mystery of a Priceless Scientific Treasure. New York: Simon & Schuster.

Simon, E. L. 1961. The Phyletic position of Ramapithecus. Peabody Musem Postilla 57: 1-9.

Simon, E. L., and D. R. Pilbeam. 1965. Preliminary revision of the Dryopithecinae(Pongidae, Anthropoidea). Folia Primatol. 3: 81-152.

Simpson, G. G. 1944. Tempo and Mode in Evolution. New York: Columbia University Press.

Simpson, G. G. 1961. Principles of Animal Taxonomy. New York: Columbia University Press.

Singer, R., and J. Wymer. 1982. The Middle Stone Age at Klasies River Mouth in South Africa. Chicago; University Press.

Smith, F.H., and Spencer, F.,eds. 1984. The Origins of Modern Humans. New York: Alan Liss.

Solecki, R. S. 1971. Shanidar: The First Flower People. New York: Knopf.

Spencer, F. 1990. Piltdown: A Scientific Forgery. London: Natural History Museum, Oxford University Press.

Stanley, Steven M. 1979. Macroevolution: Pattern and Process. San Francisco: W. H. Freeman.

Stewart, R.J. 2004. Neanderthal-modern human competition? A comparison between mammals associated with Middle and Upper Paleolithic industries in Europe during OIS 3. Int. J. Osteoarchaeol. 14: 178-189.

Stoneking, M., S. T. Sherry, A. J. Redd, and L. Vigilant. 1993. New approaches to dating suggest a recent age for the human mt DNA ancestor. Phil. Trans. Roy. Soc. Lond. B337: 167-175.

Stringer, C. B. 1986. The credibility of Homo habilis. In Major Topics in Primate and Human Evolution, B. Wood, L. Martin, and P. Andrews, eds. Cambridge: The University

Press, 266-294.

Stringer C. B., and C. Gamble. 1993. In Search of the Neanderthals: Solving the Puzzle of Human Origins. London: Thames and Hudson.

Stringer, C. B, and P. Andrews, 1988. Genetic and fossil evidence for the origin of modern humans. Science 239: 1263-1268.

Stringer, C. B, and P. Andrews, 2005. The Complete World of Human Evolution. New York : Thames and Hudson.

Szalay, F.S., and Eric Delson, 1979. Evolutionary History of the Primates. New York: Academic Press.

Tattersall, I. 1993. The Human Odyssey: Four Million Years of Human Evolution. New York: Prentice Hall.

Tattersall, I. 2009. The Fossil Trail.: How We Know What We Think We Know about Human Evolution (2nd. ed.). Oxford : Oxford University Press.

Tattersall, I., E. Delson, and J. A. Van Couvering, eds. 2000. Encyclopedia of Human Evolution and Prehistory, 2nd ed,, New York: Garland.

Trinkaus, E. 1982. A History of Homo erectus and Homo sapiens Paleontology in America. In A History of American Physical Anthropology, ed. F. Spencer. New York: Academic Press, pp.261-280.

Trinkaus, E and Shipman, P. 1993. The Neandertals : Changing the Image of Mankind. New York : Alfred A. Knopf.

Theunissen, B. 1988. Eugene Dubois and the Ape-Man from Java: The History of the First "Missing Link" and Its Discoverer. Dordrecht/Boston: Kluwer Academic.

Underhill, P.A., G. Passarino, A.A. Lin, P.Shen, M. Mirazon-Lahr, R.A. Foley, P.J. Oefner, and L.L. Cavalli -Sforza. 2001. The Phylogeography of Y Chromosomes Binary Haplotypes and the Origins of Modern Human Populations. Annals of Human Genetics 65: 43-62.

Vargha-Khadem, F. 2005. FOX2 and the Neuroanatomy of Speech and Language. Nature Reviews Neuroscience 6: 131-138.

Virchow, R. 1872. Unterschung des Neanderthal-Schadels. Zool._Ethnol. 4:157-165.

Wade, N. 2006. Before the Dawn : Recovering the Lost History of Our Ancestors. Penguin Books.

Wallce, R.A. 1858. On the tendency of species to depart indenfinitely from the original type. Proc. Linn. Soc. London(Zoology) 3: 53-62

Weidenreich, F. 1938. Pithecanthropus and Sinanthropus. Nature 141: 378-379.

Weidenreich, F. 1943. The Skull of Sinanthropus pekinensis: a comparative study on a primitive hominid skull. Palaeont. Sinica, New Ser. D, 10: 1-291.

Weidenreich, F. 1947. Facts and speculations concerning the origin of Homo sapiens. Amer. Anthropol. 49: 187-203.

Weidenreich, F. 1949. Anthropological Papers of Franz Weidenreich, 1939~1948. Compiled by S.L. Washburn and D. Wolffson. New York: Viking Fund.

White, T. D. 1977. New fossil hominids from Laetoli, Tanzania. Amer. J. Phys. Anthropl. 53: 197-230.

White, T.D., G. Suwa, and B. Asfaw. 1994. Australopithecus ramidus, a new species of early hominid from Aramis, Ethiopia. Nature 371: 306-312.

Willis, D. 1992. The Leakey Family: Leaders in the Search for Human Origins. New York: Facts on File.

Wolpoff, M.H. 1980. Paleoanthropology. New York: Alfred A. Knopf.

Wolpoff, M. H. 1982. "Ramapithecus and Hominid Origins." Current Anthropology 23:501-522.

Wood, B. 1991. Koobi Fora Research Project, Vol. 4. Oxford: Clarendon Press.

Zdansky, O. 1927. Preliminary notice on two teeth of a hominid from a cave in Chihli(China). Bull. Geol. Soc. China 5: 281- 284.

찾아보기

ㄱ

ㄴ

ㅁ

ㅂ

ㅅ

저자소개

박 선 주

연세대학교 대학원 사학과에서 한국사와 선사고고학을 전공하고 미국 캘리포니아 주립 버클리대학교 인류학과에서 체질인류학과 고인류학을 전공하였다.

현재 충북대학교 고고미술사학과 교수로 재직 중이다.

저서로는 『체질인류학』 『한국민족의 기원과 형성(공저)』 『인류의 기원과 진화』 『고인류학』 『생물인류학』 등이 있고 역서로는 『인류의 기원과 진화』 『인류의 시대』 가 있으며 『한국전쟁 전후 민간인 집단희생유해발굴보고서』와 『6.25전사자 유해발굴보고서』 및 『안중근의사 유해발굴보고서』 등 20여 편의 발굴 보고서와 「한국 홍적세 인류화석 연구」 외 100편의 논문이 있다.

인류진화의 발자취

저 자 : 박선주
발행처 : 충북대학교 출판부
발행인 : 김승택
주 소 : (361-763) 충북 청주시 흥덕구 내수동로 52(개신동)
전 화 : (043) 261-2952, 3014
팩 스 : (043) 274-1256
이메일 : presscbu@chungbuk.ac.kr
등 록 : 제1983-2001-7호
초판1쇄 : 2012.1.30.
편집 및 인쇄 : (주)윤일문화사 02)498-6161

ISBN 978-89-7295-188-9 93470

값 15,000원